Mäuseverse und Riesengeschichten

Eva Maria Kohl

Mäuseverse und Riesengeschichten

Eine Schreibwerkstatt mit Kindern

Kallmeyer

edition: grundschule

Die Deutsche Bibliothek - CIP-Einheitsaufnahme

Kohl, Eva Maria:
Mäuseverse und Riesengeschichten : eine Schreibwerkstatt mit
Kindern / Eva Maria Kohl. - Seelze-Velber : Kallmeyer, 1999
ISBN 3-7800-2026-2

Impressum

Mäuseverse und Riesengeschichten. Eine Schreibwerkstatt mit Kindern. Eva Maria Kohl

Layout: Regina Hoffmann
Titel und Illustrationen: Erdmut Oelschlaeger
Redaktion: Petra Druschky
Realisation: Verena-J. Kegeler/Friedrich Medien-Gestaltung
Druck: Print-Design, Minden. Printed in Gernany

ISBN 3-7800-2026-2

Inhalt

Vorwort

Das Freie Schreiben erobert sich seinen Platz im Klassenzimmer und löst immer mehr den traditionellen Aufsatz des alten Deutschunterrichts ab. Im projektorientierten und offenen Unterricht erproben die Kinder kreative Schreibanlässe oder schreiben sich von der Seele, was sie berührt und bewegt. In der Schreibdidaktik sind heute Begriffe wie „Schreibkonferenz“ oder „Freies und Schreiben“ bzw. „Kreatives Schreiben“ nicht mehr wegzudenken.

Diese Schreibtätigkeiten sind in vieler Beziehung anders als das, was beim Schreiben eines Aufsatzes für den Unterricht ablief. Sie verlaufen viel stärker prozessorientiert und vom Kind selbst bestimmt. Das beginnt bei der Themenwahl, setzt sich im Schreibakt fort und endet in der Regel nicht bei einer Zensur und wird auch nicht für diese erstellt. Freie Texte entziehen sich weitgehend der Zensierung, brauchen aber immer eine Reaktion der Zuhörenden und Lesenden.

Wie rät und hilft man schreibenden Kindern fachgerecht und angemessen? Brauchen nicht auch die Lehrerin und der Lehrer dafür zunächst einen experimentellen Raum für sich selbst? Wie sollen sie ihre Kinder für etwas begeistern, was ihnen selbst noch fremd ist?

Das vorliegende Buch wendet sich deshalb nicht nur an Kinder, die Rat und Hilfe beim Geschichtenschreiben suchen. Es ist gleichermaßen für Erwachsene gedacht. Alles, worauf die Kinder in diesem Buch direkt angesprochen und wozu sie aufgefordert werden, kann der Erwachsene ebenfalls ausprobieren.

Das Buch stellt viele Fragen.

Was braucht man, um eine Geschichte zu schreiben? Welches Werkzeug muss man bereitlegen, welches Material wird an der Werkbank verarbeitet? Wie sieht eigentlich die Werkbank des Schreibenden aus? Aus welchem Stoff sind Geschichten, woraus werden Verse gearbeitet? Findet man Hilfe beim Schreiben, was passiert, wenn man nicht weiterweiß?

Das Buch gibt Antworten.

Es bietet Schreibanregungen und Schreibszenarien, die sich im Rahmen einer SCHREIBWERKSTATT mit Kindern organisieren lassen. Eine solche Werkstatt kann im schulischen Rahmen stattfinden, sie kann aber auch außerhalb des Klassenraumes und mit Erwachsenen, die nicht unbedingt die Lehrer sein müssen, organisiert werden.

Die Schreibanlässe und methodischen Verweise dieses Buches werden immer am konkreten Kindertext veranschaulicht. Es sind Mäuseverse und Riesengeschichten, Drachenmärchen und Regengedichte. Die Lektüre der Kindertexte verspricht einen Lesegenuss besonderer Art: Der kindliche Blick auf die Welt lässt sie zu eigenwilligen Zeitdokumenten und literarischen Botschaften werden.

Spätestens hier zeigt sich die ganz eigene Geschichte dieses Buches. Die Entstehungszeit und der Entstehungsort der abgedruckten Kindertexte sind historisch belegbar.

In dem hier vorliegenden Buch verbirgt sich eine Neuauflage meines 1988/89 geschriebenen Buches „Ich schreibe", das im Kinderbuchverlag in Ostberlin Ende 1989 erschien. Es erschien zu einem Zeitpunkt auf dem Buchmarkt, als der sich komplett zu verändern begann. Das damals im Signet ausgewiesene kleine rote Pionierhalstuch verriet den Eingeweihten, dass es sich um den ersten Band einer als „Goldene Bibliothek" für die Pioniere geplanten Reihe handelte. Aber nun gab es ja keine Pioniere mehr und die Schreibwerkstatt, die ich knapp zehn Jahre im Berliner Pionierpalast in der Wuhlheide geleitet hatte, war aufgelöst und „abgewickelt" worden. Das Buch verschwand in den Müllcontainern, wenn es nicht jemand zufällig aufschlug und entdeckte, dass hinter dem verräterischen DDR-Umschlag wunderbar poetische, witzige und ehrliche Texte von Kindern zu lesen waren.

Immer, wenn ich in den folgenden Jahren über das Freie Schreiben mit Kindern publizierte, nahm ich Texte der Kinder aus jenem Bändchen auf. Die Texte gingen dadurch nicht verloren. Aber nun liegt zum ersten Mal die vollständige und nur an wenigen Stellen aktualisierte Ausgabe des Buches vor.

Die Kinder, die diese Texte schrieben, sind inzwischen erwachsen. Manchmal begegne ich einigen von ihnen. Dann sprechen sie davon, woran sie sich erinnern. Sie erwähnen dabei immer wieder die Atmosphäre beim gemeinsamen Schreiben, die sie als wohltuend und vom Schulstress entspannend empfanden. Sie hüten ihre Hefte von damals, in denen ihre Verse und Geschichten stehen, und sind immer noch stolz darauf. Ich als ihre Gefährtin und Mitarbeiterin an jenen Nachmittagen freue mich, dass die Geschichten auf diese Weise nie alt werden und dass das Schreiben im Bewusstsein der nun Erwachsenen einen so wichtigen Platz einnimmt, was durchaus nicht selbstverständlich ist.

So hoffe ich, dass die Geschichten der Kinder von damals und die Beschreibung dieses Vorgangs durch mich den Kindern und Erwachsenen von heute Mutmacher und Ratgeber sein können.

Was Sprache vermag

VERSTÄNDIGEN
KRÄNKEN
LÜGEN
ERKENNEN
KLÄREN
TRÖSTEN
LOBEN
HELFEN
BELEIDIGEN
VERSTEHEN
ERFREUEN
LEHREN
VERSÖHNEN
VERLIEBT MACHEN

Im Kopf des Menschen wohnen die Gedanken

Unsichtbar sind sie hinter der Stirn verborgen. Erst, wenn die Gedanken in Worte gefasst werden, kann man sie hören, lesen und etwas darauf erwidern. Wort trifft auf Ant-Wort. Gespräche entstehen. Ein Austausch von Gedanken findet statt. Die Sprache ist das wichtigste Mittel der Menschen, um sich zu verständigen.

Hätten wir sie nicht, müssten wir wie Hunde bellen, wie Katzen fauchen oder wie ein Chamäleon die Farbe wechseln, um auf uns aufmerksam zu machen.

Die Fähigkeit des Menschen zu denken und zu sprechen ist kostbar. Sie unterscheidet uns vom Tier. Durch die Sprache können wir eine Gemeinschaft bilden, die zusammen lebt und produziert. Solange Menschengemeinschaften – Völker – miteinander sprechen und eine Verständigung suchen, solange ist die Gefahr geringer, dass sie in den Krieg gegeneinander ziehen. Dann würden nicht mehr die Worte, sondern die Waffen sprechen.

Euch verschlägt es die Sprache, wenn ihr böse aufeinander seid. Ihr schreit euch an oder schlagt zu. Dann spricht die Sprache eurer Fäuste. Manchmal bringt ihr auch vor Wut, Scham oder Entsetzen kein Wort heraus. Miteinander sprechen bringt Vertrauen und Verständnis.

Sprache kann Wissen speichern

Aber Sprache vermag noch mehr. Sprache kann Wissen speichern. Über Jahrhunderte hinweg wurde dieses Wissen in Büchern aufbewahrt. Milliarden von Büchern gibt es heute. Ein einzelner Mensch wird niemals in der Lage sein, sie alle zu lesen.

Seitdem es eine deutsche Schriftsprache gibt – etwa seit dem 7. Jahrhundert unserer Zeitrechnung –, entwickelte sich unsere Literatur. Das Wort kommt aus dem Lateinischen und leitet sich von littera = Buchstabe ab. Aber besteht ein Text aus Buchstaben? Wenn wir ihn laut oder leise lesen, formen wir Worte. Aber auch sie existieren eigentlich nicht allein für sich, sondern werden immer zu mehreren – in einer Wortgruppe oder einem Satz – gebraucht.

Wie viele Wörter kennt die Sprache?

Ist dieser Vorrat noch zu zählen? Gegenwärtig gibt es etwa 2800 Sprachen auf der Erde. Jede hat einen anderen Wortschatz. Insgesamt spricht man von einem Wortschatz von 5–10 Millionen Wörtern der Sprache. Die deutsche Sprache kennt ungefähr 300000 bis 500000 Wörter.

Wie werden diese Wörter im Kopf gespeichert? Gibt es eine Ordnung bei dieser Aufbewahrung? Herrscht ein fürchterliches Durcheinander hinter der Stirn? Wer räumt auf zwischen den Wörtern – putzt sie, bürstet ihnen den Staub ab, wirft abgewetzte Worte weg und besorgt neue?

Die Wörter liegen im Kopf wie in einem Vorratsschrank

Noch hat kein Wissenschaftler das Geheimnis des menschlichen Denkens vollständig enträtseln können. Fest steht, dass der Mensch über ein sehr kompliziertes Signalsystem verfügt, das alle Reize der Umwelt verarbeitet. Die Reize werden durch die fünf Sinne des Menschen wahrgenommen: die Augen, die Ohren, den Geruchssinn, den Geschmackssinn und die Haut als Tastorgan. Die Sinne nehmen auf, leiten Signale an das Gehirn – hochempfindliche Ströme – und die Worte melden sich.

Die Augen sehen bestimmte Formen, Farben, Hell und Dunkel. Die Ohren nehmen Geräusche wahr. Mit den Fingerspitzen tastet der Mensch die Beschaffenheit eines Gegenstandes ab, seine glatte oder raue Schale, seine stachelige, borstige, pelzige oder samtige Haut. Durch die Poren der Haut empfindet er Kälte oder Wärme – einen linden Hauch oder einen scharfen Frost. Die Nase schnuppert die Gerüche, der Gaumen schmeckt Salziges oder Süßes. Die Sinne arbeiten so empfindlich, wie der Mensch bereit ist, empfindlich zu sein. Besonders komplizierte Abläufe im Gehirn lassen Erinnerungen wach werden. Wenn der Mensch nicht sieht oder hört oder fühlt, im Dunkeln liegt, mit zugestopften Ohren, kann dennoch drinnen in seinem Gehirn ein ganzes Orchester spielen, eine Landschaft vorüberziehen, ein Gesicht lebendig sein. Diese wunderbare Eigenschaft verdankt der Mensch seinem Gedächtnis und seiner Vorstellungskraft.

Was die Augen sehen

Tretet ans Fenster eines Zimmers und betrachtet ganz lange, was vor euren Augen ausgebreitet liegt.

Die Dinge beim Namen nennen

Nennt alle Dinge beim Namen, die ihr seht.
Ihr werdet bald merken, dass es unendlich viele sind, wenn man genau sein will. Ihr müsst einen Ausschnitt wählen. Sortiert nach Dingen, die am Erdboden sind – in Körperhöhe – in Höhe der Bäume – in Höhe der Gebäude – oben am Himmel.
Wählt einen einzigen Gegenstand, einen Baum, ein Haus, eine Haltestelle und beschreibt diese vollständig.
Macht diese Übung mit anderen zusammen.

Vergleicht die Namen der Dinge auf euren Notizzetteln. Gibt es nur einen oder mehrere Bezeichnungen für den gleichen Gegenstand?
Ein Beispiel: Menschen gehen vorbei.
Was sind das für Menschen? Männer? Frauen? Kinder? Mädchen? Jungen? Eine Schulklasse? Eine Gruppe Jugendlicher?

Schreibt alle Begriffe auf, die das Wort Mensch beinhalten kann.
Mann – Jüngling – Herr – Alter – Greis – …
Frau – Mädchen – Dame – Fräulein – Mutter – Oma – Weib – Alte – …

Kind – Kindchen – Kleinkind – Schulkind – Kindergartenkind – Säugling – Püppchen – Kleines – …

Vielleicht hat jemand aufgeschrieben: ein alter Mensch. Kann man das noch anders ausdrücken?
bejahrt – hochbejahrt – greisenhaft – steinalt – in gesegnetem Alter – ergraut – hochbetagt – reich an Jahren – verblüht – alt wie die Berge – ein Greis – eine Greisin – senil – …

Oder jemand hat aufgeschrieben: Ein Mensch geht vorbei, der sieht traurig aus. Auch das ist mit vielen Worten zu umschreiben:

Mit Worten umschreiben

er sieht bedrückt aus – bekümmert – sorgenvoll – etwas bedrückt sein Herz – belastet ihn – plagt ihn – drückt ihn – peinigt ihn – drückt ihm das Herz ab – schnürt ihm das Herz ab – bricht ihm das Herz – zerreißt ihn – etwas macht ihm das Herz schwer – liegt auf seiner Seele – er wirkt sehr bedrückt – etwas liegt ihm im Magen – macht ihm Magenschmerzen – geht ihm an die Nieren – etwas brennt ihm auf der Haut – er sieht verloren aus – verlassen – einsam – er wirkt niedergedrückt – gebeugt – kummervoll – er sieht deprimiert aus – entmutigt – gelähmt – niedergeschlagen – niedergeschmettert – dem nagt etwas am Herzen – etwas macht ihn traurig – freudlos – glücklos – er macht ein klägliches Gesicht – einen kläglichen Eindruck – einen beklagenswerten Eindruck – er sieht finster aus – macht ein finsteres Gesicht – er hat eine Leidensmiene aufgesetzt – er sieht leidend aus – unglücklich – er macht einen unfrohen Eindruck – einen wenig frohen Eindruck – etwas scheint ihn zu quälen – dem ist wohl die Suppe versalzen – dem hat es die Suppe verhagelt – seine Stirn ist finster – seine Stirn ist umwölkt – finstere Wolken ziehen um seine Stirn – sein Gemüt scheint traurig – er macht gar keinen guten Eindruck …

Jede Aussage kann kräftig gesteigert oder abgeschwächt werden. Sagt man „der ist ein bisschen traurig", wird die Traurigkeit wohl schnell wieder vergehen. „Bricht etwas ihm das Herz", handelt es sich um eine tiefe, lange anhaltende Traurigkeit.

Können unsere Augen so etwas überhaupt sehen?

Augen, die gewöhnt sind, genau und scharf hinzusehen, können durchaus bemerken, was einen Menschen bekümmert, der die Schultern hängen lässt, dessen Augen ohne Glanz und matt sind, der langsam, schwerfällig geht, dessen

Stimme beim Antworten zittert, der irgendetwas in seinem Herzen trägt. Vielleicht sieht man so etwas nicht beim ersten Mal. Aber beim zweiten, dritten Mal, wenn man anfängt, die äußeren Zeichen mit Erfahrungen zu verbinden, dann kann man schon mit den Augen solche Entdeckungen machen.

Vergleicht, wie jeder von euch das Stück Straße oder Häuserfassade beschreibt.
Nicht alle sehen das Gleiche. Viele Kleinigkeiten werden übersehen: ein weggeworfener Zettel, ein abgeblätterter Farbanstrich, ein halb geöffneter Fensterflügel mit einem Zipfel weißer Gardine …

Zwingt eure Augen, auf scheinbar nebensächliche Kleinigkeiten zu achten.

Wunderbare Augenübungen

Auch beim Fahren in der Straßenbahn, S-Bahn, im Zug oder Bus können wunderbare Augenübungen angestellt werden. Oder in eurer Wohnung.

Setzt euch auf einen Stuhl mitten in eure Küche oder in euer Wohnzimmer, benennt alle sichtbaren Gegenstände.

Wiederholt die gleiche Übung, indem ihr euch von dem Ort entfernt.
Beschreibt aus dem Gedächtnis:

- den Küchentisch nach dem Abendbrot der Familie,
- den ersten Blick durch euer Zimmer morgens beim Erwachen,
- euer Klassenzimmer, wenn alle es verlassen haben,
- den Flur in der Wohnung eures besten Freundes,
- einen Ort, den ihr nur ein einziges Mal betreten habt und der auf euch aus einem bestimmten Grund einen starken Eindruck gemacht hat.

Was die Ohren hören

Jeder Ort hat seine eigenen Geräusche

Auch mit den Ohren entdecken wir unsere Umwelt. Sie vermitteln uns den Klang, die Stimme eines Gegenstandes. Nicht nur Menschen, Tiere und Fahrzeuge haben Stimmen. Die Natur verfügt über unendlich verschiedene, fein abgestimmte Töne. Jeder Ort, jede Straße, jeder Hausflur hat seine ganz eigenen Geräusche.

Schließt für drei Minuten die Augen (verbindet sie) und nennt danach alle Geräusche, die auf eurer Straße oder durch die Wände eurer Wohnung zu hören waren.
Macht diese Übung wiederum mit anderen zusammen und vergleicht die Ergebnisse.

Schreibt auf, wer oder was die folgenden Geräuschwörter hervorrufen könnte:

- summen
- japsen
- knistern
- hecheln
- klopfen
- schreien
- piepsen
- knallen
- poltern
- donnern
- schwirren
- schlurfen
- heulen
- schmatzen
- rascheln
- grunzen

Wie klingt es, wenn folgende Menschen im Hausflur gehen? Wie hören sich die Schritte an,

Wie klingt das?

- wenn die Mutter geht,
- die sehr kleine Schwester,
- der Vater,
- die Oma?

Beschreibt die Geräusche

- am Ufer eines Badesees im Sommer,
- am Ufer eines Sees im tiefen Winter,
- auf dem Schulhof in der großen Pause,
- in einer warmen Sommernacht am offenen Schlafzimmerfenster,
- in einem Dorf sehr früh am Morgen,
- an einer Schiffsanlegestelle im Hafen,
- in einer Zootierhandlung,
- auf einer großen Verkehrsstraße oder im Kaufhaus oder in einem Café,
- im Zimmer eines Zahnarztes,
- in einem Garten im Sommer.

Was die Nase riecht, was der Gaumen schmeckt

Beschreibt die Gerüche von
- einem Schrankfach mit Puddingpulver und Gewürzen
- dem Kleiderschrank eurer Mutter
- einem Treppenflur eines alten Hauses
- einem alten Koffer auf dem Dachboden
- dem Kopfkissen eurer kleinen Schwester
- einem Korridor im Krankenhaus
- dem Hemd eures Vaters
- einem druckfrischen Buch
- einem noch eingewickelten Kuchenpaket

Der Geschmack der Worte

Beschreibt den Geschmack eurer Lieblingsspeise.
Beschreibt einen Geschmack, vor dem es euch ekelt.

Beschreibt eine fremdartige „Speise“.
Wie schmeckt ein Schneeball? Wie schmeckt ein Grashalm? Ein Stängel Raps oder Klee? Wie schmeckt der Zipfel des Taschentuches? Wie schmeckt der Radiergummi? Das Lineal?

Nennt Gegenstände, die mit diesen Geschmacks- oder Geruchswörtern bezeichnet werden können:
fade – saftig – bitter – ranzig – herb – fruchtig – süßlich – gallebitter – schleimig – wässrig – schweißig – duftend – salzig – fettig – köstlich

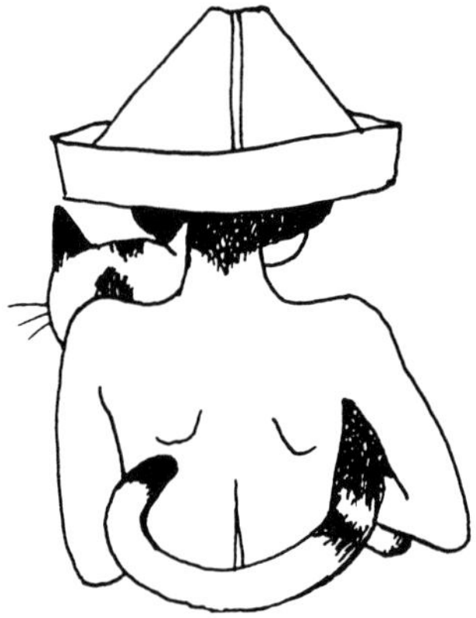

Was die Haut fühlen kann

- Lasst euch von jemandem die Augen verbinden und kleine Gegenstände in die Hand legen, die ihr erraten müsst:
  Schnipsel von Zeitungspapier – einen Grashalm – ein Blatt – ein Heftumschlag – ein Stück Bindfaden – eine Sehne – eine Rolle Zwirn – eine Glasscherbe – einen Stein – ein Stück Holz – eine Muschel – Tannennadeln – Pelz – Garnfäden – Futterstoff – eine Feder – eine Makkaroni

- Verbindet die Augen und lauft über verschiedene Böden mit nackten Füßen:
  Sandboden – Waldboden – Moos – Holzdielen – Kiesweg – Asphalt – Pflaster – Feldsteine – Gras – Feldstoppeln – eine weiche Decke – ein glattes Laken – Teppich

Solche Übungen kann man wie Wettspiele mit anderen spielen. Ihr werdet merken, dass die Hände und Füße viel empfindlicher tasten, wenn ihnen nicht gleichzeitig die Augen beim Erkennen zur Verfügung stehen. Blinde Menschen sind gezwungen, ihre Tastorgane besonders feinfühlig zu machen.

Die Worte für das, was man wahrgenommen hat

Bei den genannten Übungen laufen Vorgänge ab, die jeder Mensch täglich erlebt. Nur denkt man nicht besonders darüber nach. Die Worte für das, was man gerade wahrgenommen hat, fallen einem mehr oder weniger mechanisch ein. Wir haben uns angewöhnt, bestimmte Begriffe immer wieder zu gebrauchen. Alle Menschen tun das so. Ein Tisch ist ein Tisch, ein Baum ist ein Baum.

Es gibt einen Grundvorrat an Bezeichnungen. Wer zwingt uns eigentlich zu sagen, dass der Tisch ein Küchentisch, ein Esstisch, ein Billardtisch, eine Tafel, gar eine Festtafel sei?

Woher bekommt man Wörter? Ganz einfach. Man hört sie bei anderen Menschen und man liest sie aus Büchern heraus. Menschen, die viel lesen, kennen viele Wörter. Menschen, die öfter etwas aufschreiben und beim Aufschreiben nach den besten, passendsten Wörtern suchen, legen sich allmählich einen immer größeren Wortschatz an. Das ist ein Schatz, den euch niemand mehr wegnehmen kann. Ihr könnt ihn an jeden Ort der Welt mitnehmen. Der Kopf trägt die Wörter leicht und mühelos.

Der Schatz, den niemand wegnehmen kann

Aus diesem Schatz kann man die wunderbarsten Dinge herstellen: lange, interessante Gespräche, liebevolle Briefe, spannende Geschichten, Rätsel, Reime, Lieder, Sprüche und Märchen …

Der Schmetterling

Ich sah einen weißen Schmetterling
Den wollte ich fangen so gern
Und als ich nach ihm haschte
Da war er weg, der weiße Stern.

Ich dachte, es fliegt eine Feder im Wind
So ein weißes und zierliches Ding
Ich lief hinterher und sah:
Es war wieder mein Schmetterling.
Regine Heß, 10 Jahre

Wie passen die Wörter zusammen?

Jedes Wort hat seine ihm allein gehörende Bedeutung. Sagt man das Wort „Haus“, weiß jeder, was gemeint ist.

Die Menschen rufen sich aber nicht einzelne Worte zu. Wenn sie miteinander sprechen, sprechen sie in Sätzen. Das einzelne Wort ist nur ein kleiner Baustein in einem großen Gebäude.

Das einzelne Wort ist nur ein Baustein

Welche Wörter kann man zueinander fügen? Passt jedes Wort zu jedem anderen?

Bei den Wörtern ist es wie bei den Menschen. Sie brauchen einander. Manche können sich besonders gut leiden und laufen gern nebeneinander her. Andere sind so gegensätzlich, dass sie nicht nebeneinander in einem Satz laufen wollen. Man kann zum Beispiel folgende Sätze nicht sagen, ohne auf Unverständnis zu stoßen:

– Sie hatte plumpe, sehr zierliche Füße.
– Die leere Tasse war bis zum Rande voll.
– Ihre leidenschaftliche Stimme hörte sich kühl an.

Es gibt allerdings Beispiele, wo Gegenwörter trotzdem zusammen vorkommen. Ein bekanntes volkstümliches Scherzgedicht benutzt die Wirkung der gegensätzlichen Wörter:

Dunkel war's, der Mond schien helle
Schnee lag auf der grünen Flur
Als ein Wagen blitzeschnelle
Langsam um die Ecke fuhr.
Drinnen standen sitzend Leute
Schweigend ins Gespräch vertieft
Als ein totgeschossener Hase
Übern Sandberg Schlittschuh lief.
Und auf einer grünen Banke
Die rot angestrichen war
Saß ein blond gelockter Jüngling
Mit kohlrabenschwarzem Haar
Neben ihm 'ne alte Schrulle
Die kaum zählte siebzehn Jahr
In der Hand 'ne Butterstulle
Die mit Schmalz bestrichen war.

Versucht selbst, solch ein Unsinns-Gedicht zu schreiben. Schreibt eine kleine Geschichte, in der unmögliche Sachen passieren. In der Geschichte vom Schlaraffenland, die ihr bestimmt kennt, werden auch unmögliche Sachen behauptet.

Verwandtschaftliche Wörter

Außer den Wörtern, die einander abstoßen, gibt es auch Wörter, die einander so nahe stehen, dass es schwer ist, sie gleichzeitig zu verwenden. Es sind Wörter, deren Sinn ganz verwandschaftlich ist:

einmalig – hervorragend
Betrachtungsweise – Anschauungsweise
atemberaubend – spannend
Mahlzeit – Essen – Imbiss
Lärm – Trubel – Getöse
Aufruhr – Tumult
Gepolter – Geklapper – Stimmengewirr – Donner – Höllenlärm – Getobe

Verwendet man solche sinnähnlichen Wörter in einem Satz, drückt man einen Sachverhalt häufig nur doppelt aus.

Zwei Beispiele: Der Film war atemberaubend und sehr spannend. Die einmalige, hervorragende Leistung der Schauspieler …

Man muss eine Sache nicht zweimal sagen

Wiederholungen sind meist unnötig. Man muss eine Sache nicht zweimal sagen. Macht man es doch, so höchstens, um sie besonders hervorzuheben. Sehr oft aber entstehen nur dicke, umständliche Sätze. Wenn ihr Sätze bildet, dann achtet darauf, dass nicht zu viele gleich bedeutende Worte hintereinander vorkommen.

Macht euch die Mühe, solche gleich bedeutenden Wörter genauer zu betrachten. Beim Wort Lärm gibt es viele Abstufungen im Gebrauch:
- Gepolter bezeichnet sehr laute Geräusche. Sie können von Menschen, aber auch von umstürzenden Gegenständen hervorgerufen werden.
- Getobe kann eine Schulklasse machen. Bei umstürzendem Geschirr würde man den Ausdruck nicht verwenden.
- Donner kennen wir gewöhnlich als Begleiterscheinung eines heftigen Gewitters. Man spricht aber auch von einer „donnernden“ Stimme. Auf jeden Fall ist Donner etwas ganz anderes als ein Stimmengewirr.

Sucht sinnverwandte Wörter zu
- sehen,
- gehen,
- eitel,
- Schmutz,
- Erlaubnis.

Bildet unterschiedliche Sätze mit sinnverwandten Wörtern.

Bildet die Gegenwörter dazu.

Versucht einen Vers oder eine kleine Geschichte zu schreiben, in der solche Worte vorkommen.

Es gibt noch eine dritte Gruppe von Wörtern, die ihre eigenen, unumstößlichen Regeln haben. Es sind Wörter, die zwar äußerlich gleich aussehen, aber einen vollkommen anderen Sinn haben. Solche Wörter werden gern in Rätseln benutzt. Dazu gehören zum Beispiel:

- Blatt (das am Baum, das im Buch)
- Glas (das Trinkglas, der Werkstoff)
- Bremse (das Insekt, das Fahrzeugteil)
- Hahn (der Wasserhahn, das Tier)

Rätsel und Wortketten

Sammelt solche Wörter und schreibt Rätsel mit ihnen auf. Legt euch eine Sammlung solcher Rätsel an und schreibt sie in ein „Rätselbuch“.

Oberkiefer
Eine Kiefer stand
auf einem hohem
Bergesgipfel,
war gerade gewachsen
von der Wurzel bis zum
Wipfel,
und weil sie so weit oben
stand,
wurde sie Oberkiefer
genannt.
Grit Lemke, 11 Jahre

Spaß macht es auch, Sätze zu bilden, in denen jedes Wort mit dem gleichen Buchstaben beginnt:

Acht Affen albern abends.
Braune Bären brummen bärenstark.
Ein Esel eilt eilig.
Läuse lieben laute Leute.
Meine Miezekatze miaut meistens.
Schlangen schwimmen schnell.
Zebras ziehen zum Zoo.
Kinder einer 2. Klasse

Kann kein kleines Krokodil (zum) Kongress kommen,
kommen keinesfalls kleinere Krokodile.
Kommen keine kleinen Krokodile, kommt keiner.

Drei Drachen dackeln doof
durch die Dämmerung.
Da dröhnt dolles Donnern,
denn dicke Dinosaurier
drängeln durch das
dunkle Dickicht.
Kinder einer 2. Klasse

Wilde Wildschweine wühlen wie wild wüste Worte weg.
Kleine Kamele klauen kalten Kaffee.
Zehn zackige Zähne zappeln zitternd zum Zahnarzt.
Lahme lila Löwen lutschen laufend lila Lutscher.
Braune Bären bummeln barfuß bis Bautzen.

Zehn zackige Zähne
Lahme lila Löwen

Laut lämmern Lämmer
leise lausen Läuse
lange leben Löwen
Läuse lesen langweilige Lesestücke
lila Luchse luchsen
Kinder einer Schreibwerkstatt in Berlin

Was kann man aus Wörtern machen?

Mit den Händen kann man etwas anfassen, heben, zurechtrücken, hin- und herschieben, formen, glätten. Ein Werkstoff – zum Beispiel Papier – wird mit den Händen geglättet, zerrissen, zusammengefügt, zerschnitten, zerknüllt, gestapelt, geheftet, sortiert.

Sind Wörter auch ein Werkstoff?

Was kann man aus Wörtern machen? Sind Wörter auch ein Werkstoff? Wörter sind der Werkstoff für den Dichter.

Aber ein Mensch, der kein Dichter ist und keine Poesie herstellt, gebraucht auch Wörter. Er benutzt sie ebenfalls wie einen Rohstoff. Was kann jeder Mensch aus Wörtern machen?

Mit Worten kann man die Dinge beim Namen nennen. Auch die Menschen hören auf Namen. Wird ihr Name gerufen, werden sie aufmerksam, fühlen sich angesprochen. Ein einziges Wort kann bewirken, dass ein Mensch auf der Straße stehen bleibt und sich umdreht.

Worte können schmeicheln, zärtlich sein und trösten. Aus Worten wird Hoffnung geschöpft. Worte wecken Erwartungen, Vorfreude. Worte malen aus, beschreiben, stellen vor, was später einmal sein wird.

Aber Worte können auch ängstigen, erschrecken, aufstören, drohen. Mit Worten kann man eine Gefahr bezeichnen.

Worte können lügen. Sie können etwas behaupten, was überhaupt nicht stimmt. Lügt jemand geschickt, schenkt man seinen Worten Glauben und lässt sich irreführen.

Was die Wörter alles können

Worte können verraten. Mit einem einzigen Wort kann ein Geheimnis verraten werden, ein Versteck, ein Losungswort, ein Treffpunkt, der Name der Geflohenen.

Worte können Schaden anrichten. Sie können gemein, boshaft, hinterhältig sein. Sie können einen Menschen zutiefst verletzen, kränken und demütigen. Von manchem Wort erholt man sich schwer. Man kann es nicht vergessen. Es hat mehr wehgetan als eine Ohrfeige.

Worte können auch etwas leisten. Mit Worten kann man einen Eid schwören, einen Urteilsspruch fällen oder eine Anklage erheben.

Den Worten eines Menschen kann man vertrauen, aber auch misstrauen. Seine Worte können Erinnerungen wachrufen, Sehnsüchte wecken, Neugier, aber auch Heimweh bewusst machen. Worte können jemanden ärgern, hänseln, beleidigen, verfluchen, beschimpfen, maßregeln. Worte können ernsthaft oder banal sein, abgegriffen, verlogen, leer, hohl. In manchem Mund sind sie wetterwendisch, eitel, aufgeblasen, überheblich.

Die Worte selbst sind daran nicht schuld. Sie können sich nicht wehren. Sie sind von jedermann zu jeder Zeit zu gebrauchen, also auch zu missbrauchen.

Manchmal ist ein Wort ein Hilferuf. In Gefängnissen haben Menschen auf einem Fetzen Papier ihr Vermächtnis, einen letzten Gruß, eine Botschaft an ihre Freunde und Angehörigen hinterlassen.

Worte sind Zeugen und Botschafter der Menschen – sie können von einem Land zum anderen, von einem Volk zum anderen übermittelt werden. Sie können den Krieg ausrufen und den Frieden besiegeln. Sie können Unterhändler, Vermittler und Chronisten sein.

Probiert einmal aus, wie einer bestimmten Tatsache durch Worte eine vollkommen verschiedene Bedeutung verliehen werden kann.

Ein Beispiel: Die Katze ist überfahren worden.

1. Stark anzweifelnd:

Die Katze soll überfahren worden sein? Das glaube ich nicht. Eben, vor zehn Minuten, habe ich etwas Schwarzweißes über den Hof huschen sehen. Das kann nur die Katze gewesen sein! Sie ist nicht tot!

2. Leicht zweifelnd:

Glaubst du wirklich, dass die Katze überfahren worden ist? Mir ist, als ob ich sie eben noch im Hof gesehen habe. Vielleicht war es der Hund und ich täusche mich. Aber es sah doch eher nach der Katze aus.

3. Beklagend:

Wie schrecklich! Die Katze ist überfahren worden! Sie war so ein liebes, anhängliches Tier. Ich kann mir gar nicht vorstellen, dass sie nicht mehr über den Hof springen kann!

4. Anklagend:

Du bist daran schuld! Hättest du nicht die Wohnungstür offen gelassen, hätte die Katze nicht hinausgekonnt. Nun ist sie überfahren worden. Warum warst du so unachtsam?

In allen vier Beispielen bleibt die Tatsache immer die Gleiche: Die Katze ist tot. Geändert hat sich nur, wie wir diese Tatsache betrachten und in Worte fassen – ob wir sie glauben, anzweifeln, verurteilen oder einfach nur feststellen.

Versucht dasselbe mit anderen Tatsachen und wandelt sie so verschieden wie möglich ab:
fragend – unsicher – geheimnisvoll – beängstigend – sachlich – freudig – zweifelnd – äußerst gefährlich – mitleidend

Welche Worte benutzen eigentlich die Dichter?

Haben sie ein besonderes, ein Geheimfach in dem großen Vorratsschrank der Sprache? Werden in diesem besonderen Fach nur die Wörter aufbewahrt, die man für das Schreiben von Märchen, Geschichten und Gedichten braucht?

Geheimfach für Dichterwörter

Es gibt kein besonderes Fach für Dichterwörter. Sonst hätten es die Dichter viel leichter. Sie müssten sich nicht mehr damit abplagen, die Worte aus dem großen Wortehaufen herauszusuchen. Sie müssten sie nicht abhorchen, prüfen, wieder und wieder verwerfen, bevor sie sich für das eine passende Wort entscheiden. Sie brauchten nur in das Fach hineinzulangen – schon könnte es losgehen mit dem Geschichtenschreiben.

Dichter haben das Vermögen, den Reichtum einer Sprache auszuschöpfen. Der Wortvorrat in ihrem Kopf ist umfangreicher und besser sortiert. Aber die Wörter selbst sind keine anderen als die, die jeder Mensch benutzt und benutzen kann. Obwohl Dichter auch neue Wörter erfinden können.

Ein Dichter muss sorgfältig und klug auswählen, was er an Worten verwendet. Er probiert aus, wie etwas klingt – er spricht sich den Text laut vor. Er hat seine Lieblingswörter und Lieblingswendungen. Er arbeitet manchmal sehr, sehr lange an einem einzigen Satz. Er „feilt“ an einem Satz wie an einem Werkstoff, der durch Bearbeitung verbessert wird.

Lieblingswörter und Lieblingswendungen

Lieblingswörter

Ich erinnere mich, als Kind solche Lieblingswörter gehabt zu haben. Ich habe sie ausgesprochen und es war, als ob ich etwas Süßes auf der Zunge schmeckte. Die Wörter hatten für mich einen Geschmack, ich hatte Lust, in sie hineinzubeißen, sie zu kosten.

Zu diesen Wörtern gehören für mich: Frucht – Apfelsine – Buntstifte – Achat.

Es gibt keine Erklärung, warum es gerade diese Wörter waren, die mir gefielen. Aber ich erinnere mich deutlich daran.

Schreibt Wörter auf, die euch besonders gut gefallen. Vielleicht, weil sie einen schönen Klang haben, vielleicht, weil ihr euch darunter etwas Seltsames vorstellen könnt.

Ich erinnere mich auch, dass die Worte für mich eine Farbe hatten. Achat war für mich ein grünes Wort. Bei Frucht, Stifte hatte ich farbige, hauptsächlich orangerote, kräftige Bilder.

Es gibt viele Worte, die die Vorstellung von Farben hervorrufen können, nicht nur die, die selbst Farben bezeichnen.

Probiert aus, welche Farben, Gerüche und welche Klänge oder Geräusche euch bei bestimmten Worten einfallen:

	Farbe	*Geräusch*	*Geschmack*
Glas	blau	splitternd, scharf	Eis
Weihnachten	weißgolden, dunkelgrün	Klingeln, Schellen	Rosinen, Ingwer, süß und bitterlich
erster Ferientag			
letzter Ferientag			
Mutter			
Motorrad			
Albtraum			

Blau ist meine Lieblingsfarbe

Für mich hat der Frieden die Farbe blau. Blau ist meine Lieblingsfarbe. Meine schönsten Kleider sind blau. Einige Fische in meinem Aquarium sind blau. Blau erinnert mich an einen stillen See mit vielen Molchen. Meine schönste Glasmurmel ist blau und mein größter Wunsch ist ein blaues Pferd.
Anne Friedrich, 12 Jahre

Für mich hat der Frieden die Farbe Blaugrün. Blau ist mein Zelt, in dem ich im Sommer jede Nacht schlafe. Besonders schön ist es, wenn es regnet. Dann prasselt es auf das Zeltdach und ich denke, dass ich nass werde. Doch ich bleibe trocken. Es ist sehr geheimnisvoll, nachts im Zelt zu schlafen.
Grün ist der Lottoschein, auf dem meine Mutter jede Woche die Zahlen ankreuzt. Sie gewinnt aber nie. Hoffentlich hat sie mal einen Fünfer.
Lars Anders, 11 Jahre

Für mich hat der Frieden die Farbe Rosa. Mein Zimmer ist rosa gestrichen. Dort ist es im Winter warm. Dort kann ich mit meinen Puppen und der Puppenstube spielen. Vom Fenster aus sehe ich zu, wie die Jugendlichen Tennis spielen. Wenn ich auf Mutti und Vati warte, sitze ich auf dem Fensterbrett. Zu Weihnachten warte ich in meinem Zimmer ungeduldig, dass Mutti mich ruft. Wenn ich mal traurig bin, gehe ich in mein Zimmer, setze mich auf's Bett und überlege, ob ich nicht selbst daran schuld bin.
Aniko Gutai, 10 Jahre

Worte für den Hausgebrauch

DACHLUKE
EULENLOCH
BODENTÜR
LICHTSCHALTER
KÜCHE
BALKON
FAHRSTUHL
SPION
WOHNUNGSTÜR
WORT
FLUR
FENSTER
BALKON
TREPPE
KLINGEL
TÜR
SPRECH-
ANLAGE

Erzähl mir was

Erzählen ist mehr als miteinander sprechen. Wer erzählt, führt ein Erlebnis möglichst anschaulich vor – er umschreibt, schmückt aus, erfindet sogar ein wenig hinzu. Dieses Erzählen ist auch die Quelle unseres Märchen- und Sagenschatzes.

Die Leute erzählten einander, wenn sie sich an langen Winterabenden in den Spinnstuben und Bauernküchen trafen. Wandernde Handwerksburschen oder Bergarbeiter berichteten von ihren Erlebnissen. Kaufleute beschrieben Landschaften und Menschen, denen sie begegnet waren. Noch heute gibt es in der Türkei den Beruf des Märchenerzählers.

Wer erzählt?

Wie ist das eigentlich mit dem Erzählen bei euch? Wer erzählt? Und wann und wo?

Ein moderner Märchenerzähler, der jede Großmutter, jede Mutter und jeden Vater scheinbar ersetzen kann, heißt Fernseher. Oder er heißt Schallplattenspieler, Kassettenrekorder, Radio oder CD-Player. Diese Erzähler sind perfekter als jeder Mensch, ihre Stimme wird nie müde, nie heiser, sie können stundenlang erzählen.

Der Mensch hat eine fabelhafte Technik entwickelt, die ihm künstliche Ohren und Stimmen verschafft hat. Ein Druck auf die Taste des CD-Players, des Walkmans oder Fernsehgerätes genügt und er ist, so lange er will, unterhalten. Die Technik macht den Menschen unabhängig von menschlicher Gemeinschaft. Eine künstliche Gemeinschaft kann so erzeugt werden. Man kann Thema, Lautstärke und Klangfarbe seiner Unterhaltungen bestimmen. Wer überhaupt keine Worte liebt, hört Musik. Die Technik eröffnet dem Menschen ganz neue Möglichkeiten. Aber sie lässt den Menschen auch auf einiges Wesentliche verzichten.

Erzählt abends im Dämmern die Mutter am Bett, lauscht ihr einer Stimme, die ihr kennt und gern habt. Die Mutter wird euch streicheln, wenn sie merkt, dass ihr euch gruselt und fürchtet. Ein Fernseher nimmt auf so etwas keine Rücksicht.

Wenn ihr selbst erzählt, merkt ihr, was für eine Spannung zwischen euch und den Zuhörern entsteht. Es ist aufregend und es ist eine Herausforderung an euch. Habt ihr etwas zu erzählen? Fällt euch etwas ein?

Macht Fernsehen zungenfaul?

Ein Mensch, der nur vor dem Diener Fernseher sitzt und zuhört, wird mit der Zeit zungenfaul. Seine Ohren, die viele und oft laute akustische Signale aufnehmen und verarbeiten müssen, werden unempfindlich, taub. Er verlernt, genau hinzuhören. Der Fernseher merkt es ja nicht, wenn man gleichzeitig noch die Schularbeiten macht, in der Zeitung liest oder an einem Spielzeug bastelt. Ein Mensch hätte sich längst beschwert und zu erzählen aufgehört. Einem Menschen gegenüber muss man aufmerksam sein, es sei denn, er langweilt einen. Nun, dann ist der Erzähler kein guter Erzähler.

Die Menschen, die mit dem Walkman auf dem Kopf auf der Straße gehen oder in der Straßenbahn sitzen, hören die Stimmen um sich herum nicht mehr. Nicht mehr den hässlichen Lärm, aber auch nicht mehr das Wort, den Zuruf, eine Bitte, einen Hilferuf.

Sie schützen sich davor und isolieren sich gleichzeitig. Die Unterhaltungen verkümmern, die Lust zu erzählen schläft ein.

Deshalb wollen wir an jene „Technik“ erinnern, die der Mensch von Geburt an mit sich führt, an seine Ohren und seine Stimme. Diese Organe wollen wir trainieren.

Am besten eignen sich Spiele dazu. Es gibt sehr viele Gesellschaftsspiele, die zum Erzählen einladen. Das einfachste und bekannteste ist das Spiel Stille Post. Es kommt schon mit einzelnen Wörtern aus und beruht auf deren Klangwirkung.

Wortspiele, die im Kreis, in kleinerer und größerer Runde gespielt werden können

Was bringt die Zeitung?

Die Spieler sitzen im Kreis. Einer wirft einem anderen ein geknotetes (sauberes!) Taschentuch zu mit der Frage „Was bringt die Zeitung?". Der Fänger muss ganz schnell mit einem Wort antworten, das die Endung -ung hat, z. B. Mitteilung, Berichtigung. Wer bis drei nicht geantwortet hat, gibt ein Pfand.

Kettenwortspiel

Ein Spieler im Kreis wirft den „Plumpsack", das geknotete Taschentuch, und sagt ein zusammengesetztes Substantiv, z. B. Wintersport. Der Betreffende muss nun mit dem zweiten Teil des Wortes, also Sport, ein neues zusammengesetztes Hauptwort bilden, z. B. Sportplatz. Der „Plumpsack" wandert weiter, der Nächste antwortet Platzregen, der Nächste Regenschirm usw.
Wem nichts einfällt, der gibt ein Pfand.

Gedicht- oder Geschichtenschreiben

Die Spieler sitzen am Tisch und schreiben auf einen Zettel einen Satz, falten den Zettel um und geben ihn an ihren Nachbarn weiter, der mit einem neuen Satz die Geschichte fortsetzt. Zum Schluss werden die Geschichten vorgelesen.

Schreibt man ein Gedicht, so lässt man beim Falten das letzte Wort noch herausgucken, damit der nächste einen Reim dazuerfinden kann. Die sehr komischen Gedichte werden zum Schluss vorgelesen.

Vor- und Nachsprechen

Einer im Kreis spricht vor, die Spieler wiederholen einzeln von Anfang an das Vorgesprochene, bis der ganze Satz fertig ist. Wer sich verspricht, scheidet aus. Wer alles fehlerfrei nachspricht, hat gewonnen und bekommt einen Preis. Los geht's:

Ein Hahn – zwei Hühner – drei Gänse – vier Enten – fünf Schweine – sechs milchweiße Mäuslein – sieben pinkende, pankende Paukenschläger – acht ratschende, tratschende Waschweiber – neun regelrecht regelmäßig gebratene Rattenschwänze – zehn neapolitanische Dudelsackpfeifenmachergesellen sitzen hinter dem Ofen und schnitzen Kien.

Der Blitz schlägt ein

Alle setzen sich in einen Kreis, wobei ein Stuhl weniger vorhanden sein muss, als Mitspieler beteiligt sind. Einer, der keinen Sitzplatz hat, geht reihum und fragt jeden Spieler: „Was willst du sein?“ Nun gibt jeder Antwort.

Einer sagt zum Beispiel: „Ich bin ein Apfel.“ Der Zweite: „Ich bin ein Haus.“ Der Dritte: „Ich bin ein Krokodil.“ Wenn nun jeder sein Wort gesagt hat, beginnt der Reihumgehende eine Geschichte zu erzählen, in der all diese Worte, die genannt worden sind, vorkommen.

Also etwa so: „Ich trat aus dem Haus und ging auf der Straße. Da sah ich einen schönen roten Apfel liegen. Ich hob ihn auf und wollte ihn eben anbeißen, als plötzlich ein Krokodil auf mich zukam und sagte: ‚Gib mir den Apfel, sonst fresse ich dich auf!‘ …“

Immer, wenn eines der Wörter fällt, die genannt wurden, muss derjenige, der sich das Wort gewählt hat, aufstehen und hinter dem Erzähler hergehen.

Wenn das endlich auch der Letzte tut, muss der Erzähler – dabei aber ganz und gar in seiner Geschichte fortfahrend – plötzlich die Wendung benutzen: „Der Blitz schlägt ein!“ Bei diesem Stichwort suchen alle einen Stuhl zu erhaschen. Wer dabei übrig bleibt, ist der nächste „Erzähler“.

Brief abschicken

Ein Spieler im Kreis wirft einem anderen den „Plumpsack“ zu und ruft dabei: „Mein Brief kommt aus Meißen.“ Der Empfänger muss nun ganz schnell etwas Näheres über die Stadt sagen, z. B. liegt an der Elbe, fertigt Meißner Porzellan. Wer bis drei nichts zu sagen weiß, gibt ein Pfand.

Die vier Elemente

Die Spieler sitzen im Kreis. Ein Spieler wirft einem andern den „Plumpsack“ zu und nennt dabei eins der vier Elemente: Feuer, Wasser, Luft und Erde. Der Angerufene muss sofort ein Tier nennen, das in dem bestimmten Element lebt. Bei „Feuer“ wechseln alle Spieler rasch ihre Plätze. Wer bis drei nichts antworten kann, gibt ein Pfand.

A B C

Jeder Spieler im Kreis bekommt vom Spielleiter einen Buchstaben des Alphabets (außer x und y), mit dem er nun erzählen muss, wo er herkommt usw.

Ein Beispiel: „Ich heiße Emil, komme aus Essen, fahre nach Erfurt und handle mit Essig."

Man sollte nicht der Reihe nach im Alphabet gehen, damit sich die Spieler nicht vorher ihre Geschichte ausdenken können. Wer stockt, muss ein Pfand geben.

Taschentuchspiele

Ein Taschentuch wird ausgebreitet, es stellt einen Untergrund für ein Spielgeschehen dar, eine Fläche. Das kann ein Feld, eine Wiese, ein Hof, ein See, ein Schulhof, ein Zimmer sein. Das ist der Ort des Geschehens.

Nun muss man sich ausdenken, wer an diesem Ort lebt und was ihm geschehen soll. „… Auf einem Hof lebten einmal zwei Hühner, ein Pferd, eine Kuh, drei Schafe und ein ganz dickes kleines Schwein. Alle lebten ganz normal, nur das kleine dicke Schwein lief immer vom Hof fort …"

Wer etwas Originelles erfindet, das an diesen Ort kommt, sich dort aufhält (das muss erzählt werden) und doch mit dem Ganzen etwas zu tun hat, gewinnt.

In ein Taschentuch werden beliebig viele kleine Gegenstände geknüpft: Naturmaterialien wie Steine, Holz, eine Feder, ein Blatt, eine Muschel, aber auch kleines Holzspielzeug wie Autos, Eisenbahnen, Tiere, Häuser, Schaukelpferdchen, Bäume, Puppenwagen. Fünf bis sieben Gegenstände müssen in der zu erzählenden Geschichte vorkommen. Die Geschichte muss einen Sinn ergeben.

Vom Erzählen zum Aufschreiben

Aufgeschrieben kann man Geschichten bewahren

Eines Tages werdet ihr Lust bekommen, ausgedachte kleine Geschichten aufzuheben. Erzählt man sie nur, verändern sie sich bei jedem neuen Erzählen. Schreibt man sie aber auf, erhalten sie eine feste Form. Aufgeschrieben kann man sie aufbewahren.

Bastelt euch ein Büchlein. Eine einfache und sehr alte Form ist ein Leporello. Das sind Faltbücher, die wie eine Ziehharmonika auseinander gezogen werden.

Ihr braucht für die Herstellung nicht mehr als einen DIN-A4-Bogen weißes, unliniertes Schreibpapier, eine Schere, Klebeband und Filzstifte oder Malfarben.

Und so wird es gemacht:
1. zwei gleich breite Streifen schneiden,
2. beide Streifen in der Länge zusammenkleben,
3. diesen Streifen achtmal falten.

Das Büchlein ist fertig, aber die Seiten sind noch leer. Schreibt oder malt etwas hinein, z. B. ein Tier-Alphabet. Für jeden Buchstaben des Alphabets sucht ihr euch ein Tier aus, malt den Buchstaben und das Tier.

Ihr könnt auch Seiten im gleichen Format bündeln. Das Bündeln erfolgt am einfachsten mit Heftgarn. Ihr könnt die Seiten zunächst lose ineinander stecken. Wenn ihr einen Klammeraffen habt, klammert der euch die Seiten zusammen. Sonst nehmt Nadel und feines Nähgarn und „näht“ die Seiten am Buchrücken mit zwei mal zwei Stichen zusammen.

Jedes Buch hat einen Schutzumschlag oder wenigstens einen schön gestalteten Einband. Dort gehören Titel und Autor der Geschichte hin. Den Außentitel könnt ihr mit farbigem Zeichenkarton oder überhaupt festerem und farbigem Papier gestalten. Für die Innenseiten braucht ihr nur einfarbiges, unliniertes Schreibpapier. Kleinformatige Büchlein aus DIN-A4-Bogen sind als Geschenk gut geeignet und genügen für jeweils eine zusammenhängende Geschichte oder eine Sammlung von Bild-Worten, Versen oder Sprüchen.

ABC-Berufe

Amanda Allwissend
Berta Blubbermaul
Claus Clown
Dieter Dachdecker
Elli Engelshaarverkäufer
Frieda Friseuse
Sarah Brand, 11 Jahre

Wie aus einem Notizbuch ein Tagebuch wird

Nicht jedes Buch ist für ein Publikum gedacht. Es kann auch nur für den persönlichen Gebrauch bestimmt sein. Das Notizbuch ist ein Beispiel dafür. Es hat bequem in einer Jackentasche Platz und ist so jederzeit griffbereit, damit Gedanken, Überlegungen, Termine festgehalten werden können.

Maler haben etwas Ähnliches. Bei ihnen heißt es Skizzenbuch. Es findet in Werkausstellungen seinen Platz neben den Gemälden und Grafiken.

Tagebücher dienen der Selbstverständigung

Tagebücher enthalten persönliche Aufzeichnungen. Ursprünglich war das Tagebuch vor allem zur Selbstverständigung des Schreibenden gedacht und nicht für einen fremden Leser bestimmt.

Für viele Schriftsteller sind Tagebücher auch Vorstufen der Arbeit an einer größeren Erzählung oder einem Roman und erlangen selbstständige Bedeutung.

Der französische Schriftsteller Stendhal hat jahrelang sehr sorgsam Tagebuch geführt, bevor er mit eigenen Erzählungen begann. Seine Tagebücher waren sozusagen „Übungsbücher“ fürs Schreiben.

Tagebücher sind immer auch Zeitdokumente

Vielleicht kennt ihr das „Tagebuch der Anne Frank“. Wie viele Tagebücher hat auch dieses sein besonderes Schicksal. Es war unter den Dielen des Zimmers versteckt, in dem sich Annes Familie zwei Jahre lang versteckte, bevor sie 1944 entdeckt und in ein Konzentrationslager verschleppt wurde. Erst viele Jahre

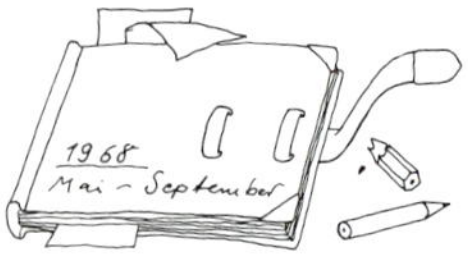

nach dem Tod des Mädchens konnten andere Menschen lesen, was sie erlebt und erlitten hatte.

Annes Tagebuch entstand, weil sie festhalten wollte, was ihr an einem ganz bestimmten Tag wirklich geschehen ist. Es war auch zunächst eine Selbstverständigung und durchaus nicht für fremde Augen und Ohren gedacht. Und doch haben gerade diese Aufzeichnungen einen so großen Wert für andere. Anne Frank ist Augenzeuge jener Tage und gleichzeitig ihr Opfer. Anne ist ermordet worden. Nur ihre Aufzeichnungen haben sie überlebt und wurden Beweise des Mordes an Unschuldigen und zu Anklägern der Mörder.

Tagebücher können aussagefähiger als ein Foto sein. Sie zeigen das Herz des Menschen, seine Gedanken und Gefühle und das ist mehr als ein Foto oder ein Dokument.

Wenn ihr ein Tagebuch führen wollt

Ihr braucht dazu nicht viel mehr als ein Schreibheft und einen Stift. Es muss nicht unbedingt ein in Leinen gebundenes Buch mit Schloss und Schlüssel sein. Wichtig ist, dass ihr dem Tagebuch einen Platz gebt, an dem ihr sicher sein könnt, dass keine ungebetenen Augen neugierig darin lesen. In ein Tagebuch soll man die ganze Wahrheit hineinschreiben können. Man will auf niemanden Rücksicht nehmen müssen. Deshalb ist ein Tagebuch wirklich nur für den Schreibenden gedacht. Nur mit dessen ausdrücklicher Zustimmung darf es jemand anderes lesen. Sprecht am besten vorher mit euren Eltern und Geschwistern darüber. Dann kommt es nicht zu bösen Überraschungen.

In ein Tagebuch soll man die ganze Wahrheit hineinschreiben können

In ein Tagebuch schreibt man hinein, was man erlebt, was man denkt und fühlt. In dem Moment, wo man etwas hineinschreibt, wird man sich über das klar, worüber man schreibt. Oft ist es ein Kummer, eine Verliebtheit, eine Sehnsucht, eine scheinbar unlösbare Frage, die euch beschäftigt. Aufschreiben bringt Klärung. Es ist, als ob ihr euch aussprecht.

Jeder Mensch möchte gern über das, was ihn beschäftigt oder bedrückt, sprechen. Hat keiner in seiner Umgebung Zeit, ihm zuzuhören, oder vertraut man niemandem so sehr, dass man ihm seine geheimsten Wünsche und Sorgen anvertrauen kann, dann ist so ein Tagebuch eine nützliche Sache. Das Tagebuch ist euer stummer Zuhörer.

Es wird Zeiten geben, wo ihr euer Tagebuch vergesst und es in einer Ecke herumliegt. Ihr habt Freunde, mit denen ihr über alles sprechen könnt. Aber denkt bitte daran, dass ein Tagebuch nicht nur die Rolle eines Vertrauten, sondern auch die eines Zeugen hat.

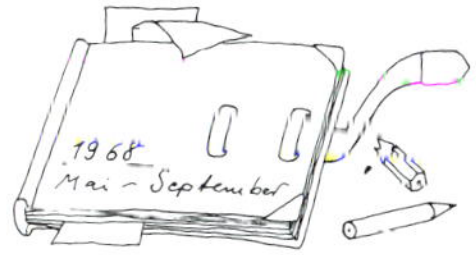

In euch und um euch herum geschehen jeden Tag aufregende Sachen. Alles verändert sich. In einem Tagebuch kann aufgehoben werden, wie diese Veränderungen vor sich gingen. Dort steht geschrieben, wen ihr in jenem Jahr mochtet und wer dann vollkommen aus eurem Gesichtskreis verschwunden ist. Etwas habt ihr damals gehasst und beschimpft – und später? Eure Meinungen haben sich gewandelt. Ihr seid klüger, älter geworden. Aber wie ist das geschehen? Wodurch? In einem Tagebuch kann man eine Spur davon finden.

Deshalb: In zwanzig Jahren werdet ihr nicht mehr wissen, wie euer Tagesablauf als Zehnjährige ausgesehen hat.

- Schreibt auf, wie ein Sonntagmorgenfrühstück bei euch am Familientisch verlief. Oder wie es war, als ihr Geburtstag hattet. Was passierte an einem ganz normalen Schultag? Wer saß neben euch auf der Schulbank? Wer wohnte in eurem Haus?

- Und dann: ihr selbst. Beschreibt euch. Wie findet ihr, dass ihr ausseht? Gefällt euch eure Nase? Findet ihr euch hässlich? Was möchtet ihr verändern?

- Klebt ein Foto von euch, von euren Eltern und euren Freunden mit ein. Oder einen Ausschnitt aus der Zeitung, wenn es sich um ein besonders wichtiges Ereignis in eurem Land oder in der Welt handelt.

Was ihr aufschreibt, kann später gelesen werden

Was ihr aufschreibt, kann später gelesen werden. So wie das Betrachten von Fotos Erinnerungen weckt, wird das Lesen von Aufzeichnungen etwas in euch lebendig werden lassen, was sonst für immer vergessen wäre.

Aus meinem Tagebuch

1. März (mittags zu Hause)
Heute kam ein neuer Schüler in die Klasse. Thomas Held heißt er und trägt eine Brille.

Ich finde ihn ganz hübsch, bloß Simone hatte wiedermal was auszusetzen. „Eule“, murmelte sie abfällig.

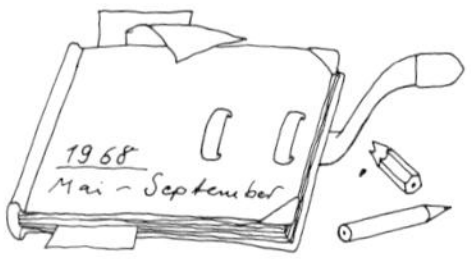

Simone ist die „Beste“ von allen und „Königin“ der Mädchen, was mir überhaupt nicht gefällt.

Wäre ich nun zu Thomas gegangen und hätte ihn gefragt, ob er neben mir sitzen möchte, hätte die „Königin“ einen Lachkrampf bekommen, und da die anderen Mädchen für sie sind, wären sie über mich hergefallen. Also lachte ich mit und rief ihn aus.

2. März (früh)
Ich hatte einen seltsamen Traum.

Plötzlich war rings um mich Sand, Sand, Sand. In der Wüste also. Auf einmal ein Knurren, Brüllen, Zischen, Fauchen! Oh Schreck! Da kamen ja viele wilde Tiere auf mich zu: Löwen, Tiger, Schlangen, Leoparden, Panter, ... Und ich – ich war eine kleine graue Maus. Eine winzige, wehrlose graue Maus.

Ich lief um mein Leben und glaubte mich schon verloren. Doch die Rettung war näher, als ich dachte.

Wie herbeigezaubert stand Thomas neben mir und reichte mir seine Brille: „Vor denen brauchst du keine Angst zu haben, sieh doch hindurch!“ Ich sah durch die Brille und traute meinen Augen nicht. Die wilden Tiere waren ja meine Klassenkameraden und Simone an der Spitze! Nun lief ich nicht mehr weg, denn Thomas stand neben mir. Plötzlich merkte ich, dass ich immer größer wurde und mutiger. Meine Klassenkameraden dagegen wurden immer kleiner und sie rannten ängstlich davon.

Dann weckte mich Mutti.

2. März (abends)
Heut war Gruppenratssitzung. Ich erzählte meinen Traum. Simone wurde ganz nachdenklich.

Ich bin sicher, es wird ein schöner Tag werden, morgen in der Schule.
Mandy Schulze, 11 Jahre

Reisetagebuch und Klassentagebuch

Eine besondere Form des Tagebuchs ist das REISETAGEBUCH. Noch im 19. Jahrhundert war es üblich, einander häufig Briefe zu schreiben und diese dann in einer Gesellschaft auch anderen vorzulesen. Briefromane und Reisetagebücher waren eine beliebte Lektüre. Es gibt unzählige Reisebeschreibungen, Spaziergänge, Weltfahrten und Seereiseabenteuer.

Reiseliteratur ersetzte den Daheimgebliebenen das Abenteuer

Auf Bilderbogen wurden grafische Darstellungen der Reisen gedruckt und vertrieben. Die Reiseliteratur unterhielt auf vergnügliche Weise, ersetzte den Daheimgebliebenen das Abenteuer und informierte zudem über fremde Lebenskulturen und entfernte Länder.

Dichter benutzten ihre Aufzeichnungen für spätere Bücher von Reisen, so Heinrich Heine für seine „Harzreise". Noch heute könnt ihr den Wanderrouten Theodor Fontanes durch Mecklenburg folgen, wenn ihr seine „Wanderungen durch die Mark Brandenburg" lest. Ihr kennt bestimmt die aufregenden Abenteuer des Christoph Kolumbus. Der Autor des beliebten „Robinson Crusoe" erhielt seinen Stoff von den Berichten eines Schiffbrüchigen. Der amerikanische Schriftsteller Ernest Hemingway ließ sich vierzig Jahre nach seinem Aufenthalt in Paris einen Koffer in einem Pariser Hotel aushändigen. Der Koffer hatte den Krieg überdauert und bewahrte die Tagebücher des Schriftstellers aus seiner Pariser Zeit. Sein Buch „Paris – ein Fest fürs Leben" entstand nach diesen Notizen.

Eine Reise ist eine gute Gelegenheit, mit dem Tagebuchschreiben zu beginnen

Steckt, wenn ihr das nächste Mal verreist, ein Notizbuch in den Koffer. Außerdem einen Skizzenblock, Stifte und, wenn ihr könnt, den Fotoapparat. Und nun sammelt ihr auf der Reise ein, was ihr überall entdecken könnt: eine Landschaft – eine Aussicht – das Gesicht eines Menschen – Namen von Orten und Namen von Menschen – die Gestalt von Häusern, von Dächern und Giebeln – den Verlauf einer Straße in den Ort hinein, aus dem Ort heraus – einen Marktplatz – die Zunftzeichen der Handwerker an ihren Häuserfassaden – den Blick in ein Tal von einem Berg herab – den Blick hinauf in einen Gewitterhimmel, in die Abendwolken, in einen Regenbogen – das Gespräch mit Reisenden – ein fremd klingendes Wort, eine Melodie – den Duft eines Essens – Gerüche überhaupt – ein besonderes Licht – Geräusche – ein Vogelruf, Tierstimmen – Namensinschriften auf einem alten Friedhof – einen Sturm, ein Gewitter – Inschriften auf einer Gedenktafel an einer Hauswand – Spuren von Tieren oder Menschen auf einem Waldweg, im Sand am Meer – Linien auf Steinen, in Holz, in den Dünen – Wege der Mähdrescher durchs Feld – die Verschiedenartigkeit von Wegen überhaupt – die Farbe des Sees, des Flusses, des Meeres – ein seltsamer Vorfall – ein Unfall – was ihr gehört habt, als ihr an der Haltestelle standet, im Warteraum – die Namen der Zugstationen – die Kleidung der Menschen …

Das Eingesammelte hebt ihr in eurem Notizbuch auf: mit Worten, mit dem Zeichenstift oder dem Foto. Abends, bevor ihr einschlaft, schreibt ihr in das Tagebuch ein paar Sätze über den vergangenen Tag. Was begegnete euch heute? Geschah etwas Ungewöhnliches? Wie verlief euer Reiseweg? Immer müsst ihr über eure Aufzeichnungen das Datum des betreffenden Tages notieren.

Geschah etwas Ungewöhnliches?

Zu Hause oder wenn es einen regnerischen Ferientag gibt, nehmt ihr euch Zeichenkarton und weißes, unliniertes Schreibpapier und faltet und schneidet euch selbst ein Büchlein im Format DIN A5 zurecht. Das eignet sich am besten, wenn ihr auch Fotos, Zeichnungen und Ansichtskarten einkleben wollt, die ihr unterwegs gekauft habt. Auch eine Fahrkarte, ein Ausschnitt der Landkarte, eine Eintrittskarte von einem Museum, einem Kinobesuch kann in das Reisetagebuch geklebt werden.

Ordnet eure Aufzeichnungen chronologisch, das heißt in der Abfolge der Tage, die eure Reise dauerte.

Nicht jeder Tag muss im Tagebuch festgehalten werden. Aber an jedem Tag, den ihr beschreibt, müsst ihr dabeisein. Ihr seid die Hauptperson: der Reisende. „In den besten Reisebeschreibungen interessiert uns doch der Reisende am meisten, wenn er sich nur zeigen mag. Wer eine Reise beschreibt, beschreibt damit immer auch sich selbst", sagt der Schriftsteller Jean Paul.

Die Reisetagebücher des Hans Christian Andersen

Der Märchendichter Hans Christian Andersen ist in seinem Leben sehr viel unterwegs gewesen. Von seinen ausgedehnten Reisen hat er Reisetagebücher mitgebracht. Im Sommer 1831 war er in der Sächsischen Schweiz, in der Gegend um Dresden. Wie er von Meißen nach Dresden kommt und zum ersten Mal die schöne Stadt vor sich sieht, liest sich so:

Wie er von Meißen nach Dresden kommt

„Die Straße von Meißen nach Dresden ist mit Akazien und Birnbäumen bepflanzt, auf den Feldern wachsen Kohl und Kartoffeln, das ist ein ganzer Küchengarten. Freundliche Berghänge mit Weinranken und Laubwäldern sind zu beiden Seiten, und Meißen selbst, das mit seinem Schloß und seiner gotischen Kirche auf der Anhöhe liegt, stellt im Hintergrund den herrlichsten Punkt des ganzen Bildes dar. Unterhalb der Stadt führt eine gemauerte Brücke über die Elbe, und die Leute fahren und gehen dort, ohne an jenes Leben, das sie gerade dadurch dem Ganzen verleihen, zu denken oder sich gar etwas zugute darauf zu halten.

Je weiter man sich von dort entfernt, um so höher werden die Berge, und bald sieht man wie durch einen bläulichen Schimmer das deutsche Florenz, Dresden, mit seinen hohen Türmen und Kuppeln vor sich liegen.

Als ich zur Augustusbrücke kam, die ich so gut vom Kupferstich kannte, war mir, als wäre ich schon einmal im Traum hier gewesen. Die Elbe wälzte ihre gelben Fluten unter den stolzen Bögen, Leben und Treiben war auf dem Fluß und noch mehr auf der Brücke, Wagen und Reiter jagten in ihrer Mitte, und zu beiden Seiten wanderten bunte Fußgängerscharen. Etwa über der Mitte des Flusses, in einer der Ausbuchtungen, welche die einfachen Bögen bilden, stand ein Kruzifix, ich glaube, aus Eisen. Dann kamen wir in die Altstadt, das eigentliche Dresden, zur Linken lagen die Brühl'schen Terrassen mit ihren breiten Treppen, zur Rechten die katholische Hofkirche mit ihren Türmen und direkt vor uns das Tor, das uns in die eigentliche Stadt hineinführte.

Dresden kam mir vor wie der Übergang zwischen Nord und Süddeutschland, und sein Charakter ist auch aus beiden gemischt. Es war die letzte große Stadt, die ich nach Süden zu in Deutschland sehen sollte, dieser Gedanke fiel mir ein, und deshalb rollte ich mit einer Art Wehmut in die liebe Stadt …“

(Aus: Hans Christian Andersen: Die frühen Reisebücher, hrsg. u. übers. von Gisela Perlet, 1984, S. 229 f.)

Das Klassentagebuch

Ein KLASSENTAGEBUCH kann man beginnen, wenn man gemeinsam eine Klassenfahrt unternimmt. Dann wird es euer „Reisetagebuch“. Aber man kann es auch zu jeder anderen Zeit während des Schuljahres führen.

Was könnte in so ein Tagebuch hineingehören?

Was könnte in so ein Tagebuch hineingehören? Eigentlich genau das, was ihr auch in euer persönliches Tagebuch hineinschreiben würdet. Der Unterschied ist nur, dass es nicht einen oder eine Autorin gibt, sondern viele. Ihr berichtet, erzählt, erinnert gemeinsam, was euch geschehen ist.

Dafür gibt es viele Möglichkeiten. Jede Person kann sich selbst vorstellen (Selbstporträt) oder ein anderer kann es für ihn tun (Fremdporträt). Wichtig bleibt bei beiden Formen, dass nicht nur äußerliche Eigenschaften wie Haar- und Augenfarbe, Körpergröße und Kleidung des Menschen beschrieben werden, sondern etwas über die inneren Eigenschaften – über seinen Charakter, seine Eigenheiten, sein Wesen – gesagt wird.

Ich über mich

Ich weiß eine Menge über mich. Zum Beispiel: Es interessiert mich sehr, was früher war. Ich werde nach Möglichkeit einmal Historiker, Archäologe oder Geologe. Wenn jemand etwas tut, was ich mir heimlich wünsche, oder wenn mir jemand etwas schenkt, dann freue ich mich. Wenn ich mich ärgere, dann ärgere ich mich lange. Im Fernsehen kommt manchmal so langweiliges Zeug, dass ich laut schimpfe. Ich sage dann auch Schimpfwörter.

Am liebsten lese ich Bücher über Tiere oder auch Bücher mit lachhaften Stellen wie „Emil und die Detektive“.

Ich schreibe sehr gern Geschichten, aber nur über das, was mir Spaß macht. Was mir nicht gefällt, mag ich nicht schreiben und auch nicht tun.

Oft träume ich. In meinen Träumen kann ich fliegen, tauchen, schwimmen, reiten und alles. Nur rennen kann ich nicht, ich komme dann nicht vom Fleck.

Aber ich springe von hohen Gebäuden herunter, ohne dass mir etwas zustößt.

In einem Traum fraß mich ein Löwe. Der Löwe war ein Junge aus meiner Klasse. Ich spürte, wie er mich Stück für Stück fraß. Dann war ich in seinem Bauch eingeschlossen. Es war sehr dunkel darin, ich bekam keine Luft. Furchtbar war es. Plötzlich flog etwas gegen seinen Bauch, ein gelber Ball oder ein Sonnenstrahl oder so etwas. Da platzte sein Bauch und ich war frei.
Axel Piontek, 11 Jahre

Ich über mich

Wenn ich mich vor dem Spiegel betrachte

Wenn ich mich vor dem Spiegel betrachte, gefallen mir meine blonden Haare, aber meine dicken Beine und der Popo sind nicht schön. Ich glaube auch, dass ich zu dick bin. Wahrscheinlich kommt das vom vielen Naschen. Das Naschen kann ich mir einfach nicht abgewöhnen und das Aufräumen meines Zimmers nicht angewöhnen. Ich bin auch manchmal zu langsam bei meinen Arbeiten im Haushalt. Die machen mir nämlich keinen Spaß. Hausaufgaben erledige ich aber schnell und hebe sie nicht zu lange auf. Ich gehe auch gern in die Schule und das Lernen macht mir Spaß. Ich glaube, dass ich hilfsbereit bin, ich lache gern und mache oft Spaß. Ich bin auch lieber mit anderen zusammen als allein. Wenn ich wirklich einmal allein sein sollte, so nehme ich meine Puppen und erzähle mir was mit ihnen.
Antje Dörmann, 10 Jahre

Ein kurzer Lebenslauf, ein Interview zwischen zweien, die auf einer Schulbank sitzen, oder auch eurer Lehrerin oder ein Interview eurer Freundin mit euch, eine Annonce für zwei Freunde/Freundinnen oder das Protokoll eines Vorfalls, der mit euch zu tun hat, sind ebenfalls geeignete Mittel, euch als Person zu charakterisieren.

Vergesst auch nicht, eure Klassenlehrer oder andere Personen vorzustellen, die auch wichtig sind!

Der eigentliche Inhalt eures Klassentagebuches

Nachdem man ausführlich erfahren hat, mit wem man es zu tun hat, will man nun wissen, was euch geschehen ist. Nicht über jeden Tag muss etwas darin stehen, aber über die wichtigsten Tage.

Was sind wichtige Tage? Tage, an denen etwas Besonderes, Nichtalltägliches geschieht.

- Der letzte Schultag im Jahr: Zeugnisse und Zensuren – kritische Selbsteinschätzung – was soll und muss anders werden?
- Rückblick auf ein ganzes Schuljahr – wofür man sich beim Lehrer bedankt – wer noch geholfen hat und wie
- Ferienpläne … Ferienzeit: Jeder schreibt aus seinem Ferienort einen Reisebrief – Zeichnungen und Fotos vom Ferienort – Erlebnisse einer Reise …
- Besondere Ereignisse: eine Klassenfahrt – Besuch im Theater, im Zoo, in der Bibliothek, in einer Gedenkstätte oder einem Museum – das Sportfest – andere Feste und Feiern, …

Fotos spielen eine große Rolle im Klassentagebuch. Ihr müsst die Fotografen in eurer Klasse unterstützen. Nicht alle Fotos gelingen. Schneidet aus, was gut geworden ist, und fügt es neu zusammen – als eine Fotocollage oder ein Fotosuchbild.

Was gehört noch in ein gemeinsames Tagebuch?
Natürlich eure selbst geschriebenen Märchen, Geschichten und Gedichte! Und eure Korrespondenz, euer Briefwechsel, vielleicht der mit einer anderen Schulklasse aus einer anderen Stadt.

Der eigentliche Wert eines Tagebuches erweist sich meist erst nach vielen Jahren. Während es geschrieben wird, kann es eine vergnügliche Lektüre sein. Die Eltern können darin blättern, wenn sie in die Schule kommen. Es kann beim Elternabend ausgestellt werden.

Aber so richtig spannend wird das Lesen erst, wenn diejenigen, die das Tagebuch geschrieben haben, nach vielen Jahren wieder darin blättern. So vieles hat man vergessen – dort steht alles schwarz auf weiß. Wenn ihr die Seiten kopiert, können eure gemeinsamen Erlebnisse für jeden von euch aufbewahrt werden.

Eine kleine Brücke in die Zukunft

Macht eine kleine Brücke in die Zukunft, eine Art Botschaft. Jeder schreibt einen Brief, in dem steht, worüber er sich heute Gedanken macht, was ihn quält, beschäftigt und wie er sich sein Leben in zehn Jahren vorstellt.
Wie wird es dann in seiner Stadt, seiner Umgebung aussehen? Träume und Wünsche sollen formuliert werden.

Die Briefe werden kopiert und sind – als Büchlein gebunden – ein schönes Abschiedsgeschenk zum Ende der Grundschulzeit.

Vom Briefeschreiben

Zum Briefeschreiben gehören immer zwei. Einer, der schreibt, und einer, der darauf antwortet. Wechseln viele Briefe hin und her, nennt man das eine Korrespondenz oder einen Briefwechsel. Briefwechsel berühmter Leute, zum Beispiel zwischen Schriftstellern, Musikern, Erfindern, die über längere Zeit geführt wurden, sind aufbewahrt und später gedruckt worden. Sie lesen sich wie ein spannendes Buch.

Briefe können Gespräche sein. Einer fragt, der andere antwortet. Einer erzählt, der andere hört zu. Nur dass man sich dabei nicht in die Augen sehen kann, sondern entfernt voneinander ist.

Briefe sind Begegnungen der Gedanken

Stellt euch Schachspieler vor, die jeden Zug vorher prüfen. So prüfen die guten Briefeschreiber ihre Worte, ehe sie sie niederschreiben. Und dabei geht es nicht darum, den anderen mit den geäußerten Gedanken zu besiegen, sondern ihn zu erreichen. Briefe sind Begegnungen der Gedanken.

Ich weiß nicht, ob in eurem Regal ein kleiner Karton mit Briefen steht. Ob es schon ein Bündel, verschnürt mit Schleifenband, gibt, das ihr sorgsam hütet. Die ersten Briefe, die man sich bewusst aufhebt, sind meist Liebesbriefe. Habt ihr so etwas schon? Nun, es soll euer Geheimnis bleiben.

Ganz sicher liegt irgendwo unter eurem Krimskrams noch ein Brief, den eure Mutter euch schrieb, als ihr in den Ferien verreist wart. Wisst ihr noch, wie ihr sehnsüchtig darauf gewartet habt? Als er endlich kam, fühltet ihr wieder dieses dünne, unsichtbare Band zwischen euch und denen daheim. Die Mutter er-

zählte, was in der Zeit eurer Abwesenheit in der Familie geschehen war. Vielleicht war jemand zu Besuch gekommen, das Wohnzimmer umgeräumt oder die Katze krank geworden und mühsam wieder gesund gepflegt worden. Ihr freut euch, dass ihr davon erfahrt und berichtet denen daheim, was bei euch inzwischen geschehen ist.

Briefe sind ein Mittel der Verständigung

Je nach dem Anlass, aus dem heraus sie geschrieben werden, unterscheidet man viele Arten von Briefen:

Liebesbriefe – Reisebriefe – Abschiedsbriefe – Briefe von der Kriegsfront – Bitt- oder Bettelbriefe – Steckbriefe – anonyme Briefe – Briefe aus dem Gefängnis – Kündigungsbriefe – Drohbriefe – Grußbriefe – offene Briefe – Beschwerdebriefe – Solidaritätsbriefe …

Es gibt auch: Facharbeiterbriefe – Sendbriefe – Meisterbriefe – Taufbriefe – Gesellenbriefe …

Letztere benutzen die Form des Briefes, um der Öffentlichkeit eine allgemein interessierende Tatsache mitzuteilen. Diese Briefe tragen den Charakter von Dokumenten und sind keine Privatsache mehr.

Es gibt auch Briefe, die mehr als nur zwei Menschen interessieren

Es gibt auch andere Briefe, die mehr als nur zwei Menschen interessieren. In der Tageszeitung könnt ihr oft Zuschriften von Lesern – so genannte Leserpost – finden.

Das Briefeschreiben ist – wie das Erzählen – leider etwas aus der Mode gekommen. An seinen Platz drängelt sich das Telefon, das Fax oder der Computer. Es erscheint viel bequemer, einfach zum Telefonhörer zu greifen, eine Nummer zu wählen und dann rasch zu erzählen oder zu fragen.

Ein Telefongespräch verfliegt. Ein Brief kann hundert und mehr Jahre alt werden. Wir wüssten nicht, wie ein kleines Mädchen seinen Bruder angesprochen hat, wenn es nicht jenen Brief der Anna Barbara Wölffin aus dem Jahre 1630 an ihren Bruder in Jena geben würde. Wie seltsam lesen sich die Sätze, wie fremd ist uns heute ihre Ausdrucksweise:

Darmstadt, um 1630

Brief der jüngeren Schwester an ihren in Jena studierenden Bruder

Meinen freundlichen Gruß, und alles, was ich Liebes und Gutes vermag. Zuvor freundlicher und herzlicher Bruder, ich hab nicht unterlassen können, Dich mit einem kleinen Brieflein zu ersuchen, und darinnen zu vernehmen, ob Ihr noch alle bei guter Gesundheit und glücklichem Wohlstand seid. Was uns belangt, so danken wir dem lieben Gott. Der wollte ferner verzeihen, was nutz und seelig ist. Amen. Dein jüngst an mich abgelaufenes mich von Herzen erfreuendes Schreiben hab ich wohl und zurecht empfangen, daraus Euer aller Gesundheit mit großen Freuden vernommen. Herzlicher Bruder tue Dir hiermit zu wissen, daß die lieben Eltern verschienen Mittwoch haben ein Mensch hereingenommen, welche mich soll lernen Nähen und Spitzen machen, ist allhier des Doktors Spinas Schwester, heißt Drusiana Barbara, ist ein fein still Mensch, haben wir zwei jetzt unter Dein Stub ein Kammer. Für Dein sehr schönes und mir im Herzen angenehmes Ringlein bedanke ich mich zum allerhöchsten und will mir dasselbe Deinetwegen allezeit lieb und angenehm sein, und erfreut mich auch von Herz daß Ihr zu Jena so gut Losament [Zimmer] habt, weiß für dies Mal nichts mehr an Dich zu schreiben als sei von der lieben Mutter, Möng [Muhme] Maria W. und mir zum Freundlichsten gegrüßt und Gott in Gnaden treulich befohlen.

Darmstadt dem 23. Mai
Bin und bleib, Dein treues Herz
bis in Tod
Anna Barbara Wölffin

(Aus: Katharina Rutschky: Deutsche Kinderchronik, Kiepenheuer & Witsch, Köln 1983, S. 141)

Versetzt euch in eine bestimmte (ausgedachte) Situation und versucht, folgenden Brief zu schreiben:

- Brief aus einer fremden, an diesem Tag zum ersten Mal betretenen Stadt,
- Brief vom Mond an die Erdbewohner,
- Brief an meine zu klein gewordenen liebsten Schuhe,
- offener Brief an meine Eltern/meinen Lehrer,
- Brief an eine angebliche Freundin, die mich verraten hat,

– Beschwerdebrief an …,
– Steckbrief über …,
– Brief an meine Katze/meinen Hund/meinen Hamster,
– Brief an einen toten Dichter, den ich verehre,
– Brief an meine Urenkel,
– Brief an ein Kind in einem fernen Land.

Liebes Schulgespenst!
Ich weiß, dass du existierst, obwohl es sonst niemand glauben will. Leider muss ich ein paar ernste Worte mit dir reden. Wenn du in Sport beim Handballspiel den Ball im Zick-Zack fliegen lässt, dann ist das einfach unsportlich. Oder wenn du im Zeichenunterricht die Farbe auf den Pullover kippst, in Mathe den Taschenrechner verstellst und falsche Ergebnisse herauskommen, dann ist das nicht in Ordnung! Da haben wir den Ärger!

Wie schön wäre es dagegen, wenn du zum Beispiel die Beetpflege vor der Schule übernehmen würdest. Oder wenn du ein bisschen an der Schuluhr drehen könntest, damit die Pausen länger werden.
Überleg dir‘s mal.
Tschüss, mein liebes Schulgespenst
Dein Sten
Sten Beneke, 13 Jahre

Hallo, Minka!
Wie geht es dir? Schön geschlafen? Hast du wieder im Stroh gewühlt? Ach du, mein dummes Kleines. Deine Möhre schon gefressen? Oder nicht? Ich vermisse dich hier öfter. Hat Mutti heute mit dir geschimpft, weil du sie wieder wachgequiekt hast?
Tschüss, bis bald, mein Wollknäuel
Deine Kathi
Kathleen Kriebisch, 12 Jahre, Brief an das Zwergkaninchen

Für eine Zeitung schreiben

Die Zeitung ist eine Verwandte des Briefes

Die Zeitung ist eine Verwandte des Briefes. Bevor es die Zeitung gab, übermittelte man sich wichtige Neuigkeiten in einem persönlichen Brief. Ehe ein Brief seinen Empfänger erreichte, verging so viel Zeit, dass die Neuigkeiten oft veraltet waren.

1660 erschien die erste Tageszeitung in Leipzig. Seitdem können sich Menschen rasch über die aktuellsten Ereignisse informieren.

Viele Arten von Presseerzeugnissen entwickelten sich. Die wichtigsten sind: die Tageszeitung, die Zeitschrift und die Fachzeitschrift.

Die Tageszeitung erscheint jeden Tag neu und informiert einen sehr großen Leserkreis über die wichtigsten Ereignisse im In- und Ausland. Die Nachrichten werden durch Fotos ergänzt. Die Tageszeitung erscheint innerhalb einer Stadt oder einem Landkreis in der gleichen Ausgabe und wird deshalb auch „Lokalzeitung“ genannt.

Die Zeitschrift erscheint in regelmäßigen Abständen: wöchentlich, monatlich oder vierteljährlich. Sie berichtet ausführlich über einen bestimmten Themenkreis, zum Beispiel der Kultur oder der Wirtschaft. In der Auswahl ihrer Beiträge wendet sie sich ebenfalls an einen bestimmten Leserkreis.

Zeitschriften sind reicher illustriert als Tageszeitungen. Sie verwenden großformatiges, meist farbiges Bildmaterial. Auch der Seitenumfang lässt oft erkennen, dass es sich um eine Zeitschrift und nicht um eine Zeitung handelt.

Die Fachzeitung ist eine Nebenform der Zeitschrift. Sie erscheint wie diese nicht täglich, sondern in größeren Abständen. Sie wendet sich an ein ganz spezielles Publikum und ist meist nur von diesem in ihrem ganzen Umfang zu verstehen. Es gibt zum Beispiel Fachzeitungen für Briefmarkensammler und Fotofreunde, für Tierzüchter, Mathematiker oder für Lehrer.

Sammelt die Namen von Zeitungen, Zeitschriften und Fachzeitschriften, die ihr am Zeitungskiosk findet.

Eine Klassenzeitung herausgeben

Wie wäre es, wenn ihr in eurer Klasse eine eigene Zeitung, eure Klassenzeitung, herausgebt?

Wenn ihr das probieren wollt, müsst ihr zuerst eine „Zeitungsredaktion" gründen, also die „Mitarbeiter" versammeln. Drei bis fünf Kinder genügen. Ihr trefft euch zur ersten Redaktionssitzung und beratet, was in eurer Zeitung stehen soll.

Gemeinsam mit eurer Lehrerin oder eurem Lehrer solltet ihr außerdem in verschiedenen Zeitungen und Zeitschriften stöbern, um zu entdecken, welche Art von Texten in einer Zeitung stehen können.

Es gibt sehr lange – sie können Berichte und Kommentare sein – und es gibt sehr kurze. Dazu gehören der Wetterbericht oder die Annoncen (das sind Bekanntmachungen, Anzeigen, Kauf- oder Verkaufswünsche u. Ä.). Probiert aus, was euch gefällt! Auch ein Interview oder eine kleine Reportage zu schreiben kann sehr interessant sein.

Zeitung als Wandzeitung

Eine richtige Zeitung muss gedruckt werden, damit viele Exemplare davon da sind. Das ist teuer. Deshalb rate ich euch, eure Zeitung als Wandzeitung zu veröffentlichen.

Eine Wandzeitung ist dazu da, aktuelle, euch alle interessierende Themen aufzugreifen. Seid streitbar, ohne unsachlich zu werden. Wie steht es denn mit der Disziplin in eurer Klasse? Wie ist eure persönliche Meinung zum Lernen, zum Hausaufgabenmachen, zum Vorbereiten auf eine Klassenarbeit? Diskutiert darüber, packt auch die „heißen Eisen" an, nur, was ausgesprochen wird, kann geklärt werden. Was unter den Teppich gekehrt wird, fängt an zu stinken. Für und Wider zu ein und derselben Sache – die Meinungen von Uwe und von Klaus, die ganz und gar verschieden sind – haben auf einer einzigen Wandzeitung Platz!

Und natürlich dürfen auch der Humor und die Unterhaltung nicht zu kurz kommen. Bestimmt gibt es einen Witzeerzähler und einen Zeichenkünstler in eurer Klasse. Gebt ihnen eine Chance an eurer Wandzeitung! Das lockert auf und bringt Leser.

Hier eine Liste möglicher Wandzeitungsthemen:

– Plätze einnehmen!
  Über die Sitzordnung in der Klasse. Vorschläge zur Verbesserung und Umgestaltung. Wovon es abhängt, ob man im Unterricht mitmacht …
– Kennen wir einander?
  Kleine Lebensläufe, Fotos, Interviews
– Fußmarsch nach N.
  Reportage der letzten Klassenfahrt, die vielleicht mit Fahrrad und Zelt unternommen wurde. Schnappschüsse, Wanderrouten, Tagesprotokolle, Zeichnungen, Reisemitbringsel
– Wohin am Nachmittag?
  Ein Wohnbezirk rund um die Schule wird vorgestellt – wichtige Gebäude und ihre Geschichte, Kultur- und Sportstätten, die Kinderbibliothek …

Das Fest der Worte

POESIE
POESIE
WIEGENLIEDER
VERS
ROMANZE
KRIMINAL
GRUSELGESCHICHTEN HUHN
LÜGENGESCHICHTEN
ROMANE
THEATER
REISEBESCHREIBUNG
KURZGESCHICHTEN
ABENTEUER
LITERATUR
SAGEN
MÄRCHEN

Kann jeder Geschichten schreiben?

Welche Geheimnisse gibt es beim Schreiben von Gedichten und Geschichten? Kann man diese Geheimnisse lüften?

Der wunderbare Ort der Geschichten

Ich will euch zu jenem wunderbaren Ort führen, an dem die Geschichten und Verse wohnen. Es ist natürlich kein gewöhnliches Haus, kein beliebiges Gebäude. Es ist ein Schloss.

Groß, sehr alt, verwinkelt und wirklich geheimnisvoll. In seinem Innern gibt es über hundert Zimmer: große Festsäle und kleine Kämmerchen, lange, schmale Flure und geräumige Hallen, eine breite Freitreppe und eine verwunschene Wendeltreppe, oben Erkerzimmer und tief unten labyrinthische Gänge. Es gibt Zimmer, die noch nie jemand betreten hat, und andere, in denen sich viel Volk aufhält. Das ist das große, alte, wunderbare Schloss der Poesie.

Im Schloss der Poesie wandeln

Im Erdgeschoss, wenn man die Eingangshalle durchquert hat, befinden sich die Zimmer für die Märchen und Sagen: hohe, bunte Räume mit viel Krimskrams und Zauberzeug und alten, bequemen Sesseln und Kaminen, vor denen man am Abend sitzen und zuhören kann.

In der ersten und zweiten Etage wohnen die Geschichten. Die dicken Romane haben ein Zimmer und die Kurzgeschichten ein anderes. Hinter der Wendeltreppe, im Zimmer mit den kleinen Fensterchen und den Spinnweben unter

der Decke wohnen die Gruselgeschichten. Daneben, wiederum durch Gänge und Treppen verbunden, befinden sich die Zimmer der Abenteuer- und Reiseliteratur und der Lügengeschichten.

Im Mittelbau des Schlosses gibt es eine große Schlossküche. Hier werden wir uns länger aufhalten und zusehen, wie die Geschichten zubereitet werden. Hier dürft ihr in den Gewürzschrank der Fantasie hineinlangen und eine Prise herausnehmen. Hier zeige ich euch die Vorräte und Zutaten der Geschichten.

Und was liegt im dritten Stock des Schlosses? Dort geht es lärmend zu und fröhlich. Das sind die Spielzimmer. Hier entstehen die Theaterstücke und Hörspiele, die kleinen und großen dramatischen Werke.

Und ganz oben unter dem Dach? Wo es am luftigsten, hellsten, heitersten ist? Dort sind die Musikzimmer. Dort entstehen die Verse und Gedichte, die Wiegenlieder und Romanzen, die Balladen und Liebesgedichte.

Wir werden – wie jeder vernünftige Besucher – den Schlossrundgang an der Eingangstür beginnen. Das ist ein mächtiges Portal mit schweren Flügeltüren, von einem Wächter bewacht. Man kann nicht einfach hineinrennen. Wer hier hindurchgeht, muss Eintritt bezahlen.

Das Eintrittsgeld besteht in der Beantwortung einer Frage. Sie lautet: „Wer bist du?“

Eine Namensgeschichte abliefern

Jetzt denkt ihr, ihr könnt einfach euren Namen rufen und fertig. Ganz falsch! Wer in das Schloss hineinwill, muss eine Namensgeschichte abliefern. Das geht so:

- Nehmt ein Blatt Papier und schreibt euren Vornamen in großen dicken Druckbuchstaben in die Mitte. Drumherum schreibt ihr diesen Vornamen in so vielen Varianten, wie sie euch einfallen. Probiert andere Schriftzüge aus. Schreibt den Namen rückwärts. Malt den ersten Buchstaben ganz besonders.

- Jetzt löst euren Namen in die einzelnen Buchstaben auf. Welche anderen Worte halten sich in eurem Namen versteckt? Bildet Worttreppen und wiederum Bilder damit.

TROST
TORHEIT TAG
NOT GAST
STEFAN TOPF
FRASS
S
T
E
F
A
N

LAUS EMIL
S
T ROSE
E
F EBER
A
N RABE
NADELÖHR

STEFAN STEFAN STEFAN
NAFETS NAFETS

Nun sollt ihr aus den Worten, die sich in eurem Namen versteckt halten, einen Satz bilden. Es wird wahrscheinlich ein komischer Satz werden. Und damit bringt ihr den Türwächter des Schlosses dazu, zu lachen und euch die Tür zu öffnen.

S – Sonne	Die Sonne saß
T – Tisch	im Nachthemd
E – essen	furchtlos
F – furchtlos	am Tisch
A – Abend	und aß
N – Nachthemd	zu Abend.

Stefan Nacht Traum Mappe Esel Luchs Stefan

Es kann aber sein, dass gerade ein strenger Schlosswächter Dienst hat, der sich mit einem einzigen Satz nicht zufrieden gibt. Er will eine ernsthafte, kleine Geschichte, die ihm erzählt, wer ihr seid, woher ihr kommt, und besonders interessant für ihn – warum ihr Geschichten schreibt oder schreiben wollt.

Erzählt davon, so wie es Liane und Jan gemacht haben.

Meine Sorgen

Wie jedes Kind, so habe ich manchmal Sorgen. Doch wo werde ich sie los? Mit Mutti darüber reden? Zwecklos. Mutti sagt bloß: „Deine Sorgen möchte ich mal haben.“ Wüsste sie jedoch, was mich bedrückt, würde sie das bestimmt nicht sagen. Über meine Sorgen mit den Klassenkameraden oder Freundinnen reden? Die verstehen das sowieso nicht.

Aber wem soll ich denn was von meinem Kummer sagen? Mein Meerschweinchen blickt mich fragend an, als ob es sagen will: „Was willst du von mir?“

Dann setze ich mich hin und schreibe über meine Sorgen eine Geschichte und schon wird mir leichter ums Herz.

Liane Hürthe, 11 Jahre

Über das Schreiben

Und schon ist die Geschichte da

Eigentlich fallen mir die Geschichten überall ein. Manchmal stelle ich mir etwas vor oder sehe etwas und schon ist die Geschichte da. Aber ich muss allein sein. Das bin ich zum Beispiel, wenn ich mit dem Fahrrad zur Schule oder nach Hause fahre. Oft habe ich dann eine Idee und beginne, im Kopf Sätze zu formen. Doch dann sehe ich etwas anderes und vergesse dabei meine Geschichte. Oft fällt sie mir erst Tage später wieder ein. Manchmal ist das beim Abendbrot.

Wie ein Verrückter rase ich in mein Zimmer und notiere mit zwei, drei Sätzen, was notwendig ist. Später schreibe ich die Geschichte dann genau auf. Oft wird sie nicht so, wie ich es mir erst ausgedacht habe – aber Hauptsache, gut.

Manche Geschichten fallen mir im Unterricht ein. In Deutsch zum Beispiel schreibe ich sie gleich auf, wogegen ich in Mathe nur ein paar Stichpunkte machen kann. Wenn mir Geschichten im Bett einfallen, nehme ich die Taschenlampe und schreibe gleich. Das kommt zum Glück selten vor.

Jan Bennemann, 12 Jahre

Stellt euch vor einen großen Spiegel!

Es könnte sein, euch fällt absolut nichts ein außer eurem Vornamen, eurem Familiennamen und eurem Alter. Das wäre für eine Geschichte wirklich zu wenig. Ich weiß einen Trick, mit dem man sich das nötige Material beschaffen kann.

Nehmt einen Taschenspiegel oder stellt euch vor den Spiegel im Flur. Betrachtet euch lange und gründlich. Wer blickt euch da entgegen? Beschreibt diese Person.

- Wie sind ihre äußeren Merkmale, was hat sie für Augen, wie sind ihr Mund, die Wangenknochen, das Kinn geschnitten? Ist sie groß und dünn oder klein und ein bisschen mollig? Was trägt sie für Kleider? Passen diese Kleider zu ihr oder spürt man, dass sie in die Kleider hineingesteckt wurde?
- Was für einen Eindruck macht diese Person auf euch? Ist sie freundlich? Blickt sie grimmig? Sieht sie unglücklich aus?
- Macht ein paar Übungen mit ihr: Lasst sie lächeln, lasst sie wütend aussehen, lasst sie erschrocken blicken. Wie verändert sich die Person dadurch?
- Die schwierigste Frage: Könnt ihr diese Person im Spiegel leiden? Oder möchtet ihr, dass sie anders aussehen soll? Vielleicht dünner oder größer oder schicker angezogen?

Viele haben ein Wunschbild in sich

Jeder hat sich schon einmal mit dieser Frage beschäftigt, auch, wenn er das nicht zugibt. Viele haben ein Wunschbild in sich, das mit der tatsächlichen Erscheinung nicht übereinstimmt. Sie versuchen, sich diesem Wunschbild zu nähern. Dabei ist es das oft gar nicht wert. Müssen sie wirklich solche Haare haben wie diese Schauspielerin? Ist die lässige Haltung dieses Sängers wirklich so toll, dass sie sich nachzuahmen lohnt? Vieles sind Eitelkeiten, vieles ist nur den Vorstellungen einer Norm geschuldet, die gar nicht so wichtig ist.

Schreibt auf, was ihr darüber denkt. Versucht, ganz ehrlich dabei zu sein. Wenn man ehrlich ist, kommen die besten und spannendsten Geschichten heraus. Wer wollt ihr gern sein? Wie wünscht ihr euch auszusehen? Wie seid ihr jetzt?

Merkt ihr, dass es plötzlich zwei Figuren werden: eine, die vor dem Spiegel steht und hineinschaut, und eine, die aus dem Spiegel herausschaut? Ihr seid gewissermaßen euer eigenes Gegenüber. Ihr beschreibt, was von euch sichtbar ist. Das ist nur mit Hilfe eines Spiegels möglich. Ist der Spiegel nicht da, spiegelt ihr euch in den Augen der anderen Menschen. Sie reagieren durch ein Lächeln, durch Gleichgültigkeit oder auch durch Abwehr auf euch. Umgekehrt ist es genauso.

Wir wollen unser Spiegelbild verwandeln

Wir wollen unser Spiegelbild verwandeln. Mit dieser Verwandlung werden wir uns Zugang verschaffen zu den unteren Räumen im Schloss – den Märchenzimmern.

Bleibt vor dem Spiegel stehen. Schließt die Augen. Etwas kitzelt euer Ohr, streift eure Wange, bläst euch ins Haar. Wenn ihr die Augen wieder öffnet und ins Spiegelbild schaut, hat es sich überraschend verwandelt. Nicht ihr schaut heraus, sondern:

– ein kleiner Affe,
– ein schwerfälliges Nilpferd,
– eine langhälsige Giraffe,
– ein brummeliger Bär,
– ein eleganter Pinguin,
– ein hungriger Esel,
– ein grasgrüner Frosch.

Ihr seid in ein Märchen geraten. Für einen Tag oder eine Nacht seid ihr verwandelt in irgendein Tier.

Schreibt eine Geschichte über euch als Tier. Sie könnte heißen: „Als ich eine Giraffe war“.

Sie könnte so beginnen: „Eines Morgens, als ich mich vor den Spiegel im Badezimmer stellte, um mir die Zähne zu putzen, erblickte ich zu meinem großen Erstaunen den Kopf einer Giraffe im Spiegel! ‚Ha‘, sagte ich zu der Giraffe, ‚geh mal aus dem Spiegel, ich will mir die Zähne putzen!‘ Aber nichts tat sich. Der Giraffenhals blieb. Ich fasste an meinen Hals und erschrak zum zweiten Mal …“

Oder sie beginnt so: „Eines Nachmittags, als ich allein in meinem Zimmer und wieder einmal sehr unglücklich war, weil ich den ganzen Vormittag lang

nur geärgert worden war, sah ich mich im Spiegel meines Kleiderschrankes an und dachte: Ach, wenn ich doch nur ein Vogel wäre und draußen auf der Kastanie sitzen könnte! Es würde mir viel besser gehen!

Plötzlich zwickte und zwackte es in meinen Ellenbogen und …“

Es gehört Mut dazu, sich auf eine solche Verwandlung einzulassen. Ich sage euch gleich: Mut werdet ich noch oft brauchen. Wer keinen Mut hat, etwas zu wagen – und sei es auch nur als Vorstellung im Kopf –, der wird keine Geschichten zustande bringen.

Es gehört Mut dazu, sich auf eine solche Verwandlung einzulassen

Der größte Mut gehört gewiss dazu, sich selbst gegenüber ehrlich zu sein. Wenn ihr die Verwandlungsgeschichten ausprobiert habt und euren Spaß an diesem Spiel hattet, solltet ihr als dritte und letzte Übung noch einmal versuchen, eine kleine, aber ganz ehrliche Geschichte über euch selbst zu schreiben. Seid mutig genug, eure Schwächen einzugestehen und eure schlechten Eigenschaften. Jeder hat sie, jeder ist aber ängstlich bemüht, sie zu verstecken. Ein Schreiber hat die Pflicht, absolut ehrlich zu sein. Nur so kann man ihm glauben. Und das ist die wichtigste Bedingung jeder Geschichte, die geschrieben und von anderen gelesen werden soll.

Der Unbekannte

Ich soll also über einen mir bekannten oder unbekannten Menschen schreiben. Na, gut. Diesen Menschen treffe ich jeden Morgen in meiner Wohnung. Dunkelblonde Haare und braune Augen besitzt er. Seine Größe ist ihm wie angegossen. Er gefällt mir eigentlich ganz gut. Am besten gefällt mir sein Igelschnitt. Ihhhhhhhhhhh! Was war denn das? Haben Sie mal einen Spiegel? Der sieht ja aus wie der in meiner Geschichte!
Danko Wenzel, 12 Jahre

Die Fortsetzung der Märchen

Jedes Volk hat seinen eigenen Märchenschatz

Die Märchen gehören mit zu den ältesten Bewohnern des Schlosses. Jedes Volk hat seinen eigenen Märchenschatz, den es liebt und hütet.

Die Figuren der Märchen sind so bekannt, dass man nur ihren Namen aussprechen muss, und schon weiß jeder, wer gemeint ist. Rotkäppchen ist ein kleines Mädchen mit Zöpfen und einem Korb über dem Arm, das zu seiner kranken Großmutter will und dabei im Wald dem bösen Wolf begegnet. Hans im Glück ist ein einfältiger Kerl, der immer glaubt, dass ihm etwas ganz Tolles gelingt, und in Wirklichkeit verschlechtert sich seine Lage. Der kleine Muck hat diese fantastischen großen Schuhe an, mit denen er lossausen kann.

Macht eine Liste der Märchenfiguren und ihrer feststehenden Eigenschaften:

Name	Eigenschaften
Rapunzel	wurde eingesperrt, ist sehr einsam dadurch, benutzt listig ihren langen Haarzopf, um Gesellschaft zu bekommen
Kleine Meerjungfrau	hat eine tiefe Liebe in ihrem Herzen, für die sie bereit ist, sogar ihr Leben zu opfern
Bremer Stadtmusikanten	allen geht es so erbärmlich, dass sie fortgehen, um zu überleben, in der Gemeinschaft finden sie Hilfe

Goldmarie	wird grundlos von Stiefmutter und Stiefschwester schikaniert, besteht alle abenteuerlichen Prüfungen durch ihre Hilfsbereitschaft und Güte
Kleine Gerda aus der Schneekönigin	
Kalif Storch	
Der Wolf	

Versucht, die Namen und Eigenschaften und auch die Märchenorte untereinander zu vertauschen!

Rapunzel sitzt nicht mehr im Turm, sondern lässt ihren langen Zopf in den Brunnen hinab. Das tapfere Schneiderlein versteckt sich ängstlich im Uhrenkasten und wird vom Wolf gefunden. Aschenputtel wird der Anführer der Bremer Stadtmusikanten. Wirbelt sie tüchtig durcheinander. Versetzt sie an die falschen Orte, verbindet sie mit neuen Partnern, sucht andere Abenteuer für sie aus. Es werden gerüttelte, geschüttelte, kunterbunte Verwechslungsmärchen daraus.

Oder ihr versucht, die Fortsetzung der Märchen zu schreiben. Dazu nehmt ihr die Figuren genauso, wie alle sie aus Märchen kennen. Aber ihr schreibt dort weiter, wo normalerweise die Märchen aufhören. Sie würden dann z. B. diese Titel tragen:

- Ein neuer Beruf für Frau Holle
- Der Froschkönig regiert
- Rapunzels Hochzeitsreise
- Wie Dornröschen ihren zweiten Kuss bekam
- Die neuen Abenteuer des Hans im Glück

Märchenfiguren in die Gegenwart versetzen und neue Märchen erfinden

Versucht, neue, moderne Märchenorte für die alten Figuren zu finden. Wie verhält sich Dornröschen in einem Hochhaus mit Fahrstuhl? Tanzt Aschenputtel in einer Disko? Wie verstellt sich der Wolf, wenn er in die Schulküche eindringt?

Stellt euch vor, es klopft an die Tür und herein kommt nicht eure Oma, sondern die Hexe aus Hänsel und Gretel. Oder: Auf eurem Weg zur Schule zupft euch plötzlich das Tapfere Schneiderlein am Ärmel und will unbedingt mit in die Schule. Oder: Was geschieht, wenn ihr im dunklen Kino entdeckt, dass ihr neben dem Froschkönig sitzt?

Die Märchenfiguren sind in die Gegenwart geraten und haben vielleicht sogar neue Kleider angezogen, sodass sie äußerlich zunächst nicht zu erkennen sind. Aber an ihrem Verhalten erkennt man sie sofort: Das kann nur der gescheite Hans sein. Oder: Sie benimmt sich genauso wie die Prinzessin auf der Erbse.

Versucht, ein ganz neues, eigenes Märchen zu schreiben.

Die Märchengegenstände modernisieren

Damit es wirklich neu ist, solltet ihr die Märchengegenstände modernisieren. Über Fahrstühle, Staubsauger, Waschmaschinen, Kühlschränke und Autos gibt es noch sehr wenige Märchen. Sie sind zu jung auf der Welt, als dass sie schon eigene Märchen haben können.

Wenn ihr ihnen ein Märchen schreibt, dann solltet ihr die neuen Märchenhelden mit den alten Märchengesetzen ausstatten:

- Im Märchen siegt immer der Gute über den Bösen, auch, wenn er viel schwächer und ohnmächtiger erscheint. Seine Charaktereigenschaften (Güte, Liebe, Treue, Tapferkeit, Klugheit, Geschick) setzen sich schließlich durch. Häufig geschieht das mit einer List.
- Das Böse im Märchen (ein furchtbarer Drache, der Teufel, die Hexe, ein Ungeheuer, ein böser König, ein Zauberer) verfügt über magische Kräfte: Es kann verwandeln, verhexen, verbannen, töten, versteinern. Am Ende aber wird das Böse doch vernichtet, der Bann gelöst, der Zauber aufgehoben, die tote Prinzessin lebendig.
- Die Märchenorte sind alt und geheimnisvoll: Höhlen, Schlösser, unterirdische Gänge, Meerestiefen, sieben Berge, ein finsterer Wald.

Neue Märchenorte könnten sein: ein tiefer Kleiderschrank, der Dachboden, eine Badewanne, das Kältefach im Kühlschrank, das lange Rohr des Staubsaugers, ein Briefkasten, die Höhlung unter dem Kopfkissen im Bett, die dunkle Ecke im Schulranzen.

– Märchen lieben: drei Rätsel, drei Wünsche, sieben Leute, einen Zauberspruch, den Rat der Weisen oder von guten Feen, einen verborgenen Schatz, einen gefährlichen Kampf, Wunder, Gefahren, Geheimnisse, Träume, einen Kuss, Schlaf, Glas, Spiegel, einen Pantoffel, eine Wendeltreppe, eine verschlossene Tür, ein Losungswort, ein Sprüchlein, eine Hochzeit, den Tod, die Erlösung, die Zahlen drei, sieben, zwölf, dreizehn und hundert.
– Standardfiguren der Märchen sind: Hexen, Zauberer, Könige, Königinnen, Prinzessinnen und Prinzen, wilde Tiere, dankbare Tiere, Räuber, Jäger, Koch, Großmutter, kleine Kinder, Pferdeknecht, Müllerbursche, Kaufmann, Waldgeist, Seejungfrauen, Meeresungeheuer, tapfere Ritter.
– Märchenwege und Abenteuer sind: durch einen finsteren Wald gehen, mit einem Ungeheuer kämpfen und es besiegen, einen reißenden Fluss durchqueren, über ein Meer segeln, einen unterirdischen Gang entlanggehen, über sieben Berge müssen, durch die Lüfte fliegen.

Märchenorte und Märchenfiguren

Jetzt müsst ihr euch ein wenig Zeit nehmen und die alten Märchenwege, Märchenorte und Märchenfiguren in die Gegenwart transportieren.

Angenommen, euer Märchenheld soll ein kleiner, neuer Staubsauger sein, der ungeschickt durchs Wohnzimmer rast und viel Schaden anrichtet. Er wird von einem anderen Mitglied der Küchenfamilie ausgeschimpft und mit einem Bann belegt: Er soll für immer oben an der Decke kleben. Plötzlich aber wird aus dem Scherz Ernst. Der Zimmerdeckengeist ist wach geworden und ärgert sich darüber, dass man in seinen Machtbereich eingedrungen ist. Der Staubsauger bleibt an der Decke kleben, so verzweifelt er auch versucht, sich zu befreien …

Wer kann ihn retten? Sicher jemand, der Mitleid mit ihm hat oder vielleicht sogar in ihn verliebt ist. Die Rettung muss jetzt geplant und dann ausprobiert werden. Sicher gelingt es nicht sofort – Gefahren und Hindernisse müssen überwunden werden. Am Ende glückt die Rettung, der Staubsauger wird von der Decke heruntergeholt, der Zimmerdeckengeist wieder eingeschläfert. Alles sieht aus wie zuvor.

Vorschläge für neue Märchen:
- Der Kühlschrank mit dem viel zu heißen Herzen
- Die Straßenbahn fährt aus der Stadt
- Die verfressene Waschmaschine, die am liebsten Ringelsocken mag
- Der Tanz der Grillhähnchen

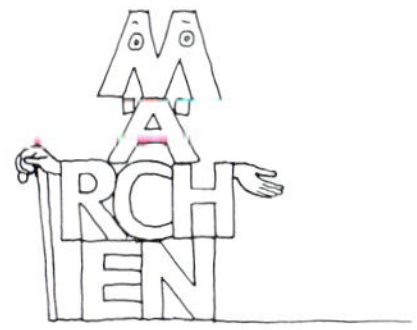

– Die Abenteuer eines Sportfahrrades
– Der Albtraum des Fernsehers
– Die Besteckfamilie

Fahrstuhlmärchen

Frau Müller, Frau Frosch, Herr Kasimir und der Hausmeister laufen aufgeregt die Treppe rauf und runter. Der Fahrstuhl ist stecken geblieben! Man weiß nicht einmal, wer darin eingeschlossen ist. „Sicher mein Ulfi", barmt Frau Frosch. Der „Ulfi" ist zwar schon 13, aber für seine Mutti ist er nun einmal „Ulfi". „Die Netti ist auch nicht zu Hause!", brummt Herr Kasimir. Netti, eigentlich Anett, ist Ulfs Freundin. Tatsächlich sitzen sie zusammen und machen Hausaufgaben im Fahrstuhl. Jedesmal, wenn Anett und Ulf im Fahrstuhl sind, bleibt er stehen. Das ist doch die Höhe!

Anett sieht vom Heft auf und bemerkt eine Klappe, welche offen steht und hinter der ein winziges Männlein sitzt. Unauffällig schiebt sie sich heran und mit einem Griff hält sie das Männlein in der Hand. Es schreit fürchterlich. Anett tut es in die Mütze und schließt die Klappe. Schon fährt der Fahrstuhl weiter und bald stehen die drei vor den lamentierenden Eltern. Der Zwerg natürlich unbemerkt.

Zu Hause holt das Mädchen den Kleinen aus der Mütze und sagt: „Warum hältst du den Fahrstuhl laufend an?" Das Männchen antwortet: „Ich wohne an der Stelle, an der das Gefährt laufend stecken bleibt. In meiner Wohnung ist es dunkel und ich will Geschichten schreiben. Also halte ich den Fahrstuhl an, öffne die Klappe und schreibe dann."

Anett überlegt lange: „Der Fahrstuhl darf nicht noch einmal stecken bleiben. Aber das Männchen braucht Licht! …" Nach langem Überlegen weiß sie etwas. „Ich quartiere den Kleinen in der Schule ein." Und sie tat es.

Seit diesem Tag wunderten sich die Deutschlehrer, dass laufend Hefte fehlten.
Dörte Heller, 12 Jahre

Es gibt Märchenfiguren, die sich immer ähnlich verhalten. Wo sie auftauchen, weiß man, was kommen wird. Feen können Not und Kummer lindern, Hexen sind gefährlich und können jemanden verwünschen, verwandeln oder töten, Riesen verfügen über ungewöhnliche Körperkräfte. Zwerge sind kleine, oft lustige Wesen, Drachen verspeien Feuer, belagern eine Burg und rauben schöne Prinzessinnen. Teufel sind für alles Böse zuständig. Prinzen müssen tapfer in Abenteuer ziehen, eine Prinzessin befreien, ein Unglück abwenden, in einem Kampf siegen.

Nehmt solch einen Helden und erfindet eine neue Situation für ihn. Stellt euch z. B. vor, die Riesen hätten Riesenlangeweile und beratschlagten, was sie machen könnten.

Drei Riesen langweilen sich

Es waren einmal drei Riesen; Dirk Drückewolkenaus, Tilo Häuserquetsch, Rocko Schmeißhimalaja. Sie hatten Riesenlangeweile. Da beratschlagten sie, was sie für ein Riesenspiel machen könnten.

Dirk sprach: „Wir drücken Wolken aus! Dann können wir Mondfußball spielen.“ Doch keiner hatte Lust dazu. Sie überlegten weiter.

Schließlich sagte Tilo Häuserquetsch: „Wie wäre es denn, wenn wir mit einem Vesuvlagerfeuer Indianer spielen würden?“ Wieder war keiner einverstanden.

Doch da hatte Schmeißhimalaja einen Rieseneinfall. Er sagte: „Wir können ja im Pazifikplanschbecken Schiffchen spielen!“

Und schon sprangen alle auf und holten vom Persischen Golf eine Handvoll Supertrawler und spielten damit im Pazifik. Und wenn ihr mal vom Sturm über dem Pazifik hört, so sind es bestimmt die drei Riesen, die pusten, damit ihre Schiffchen fahren.

Mike Flor, 13 Jahre

Drei Riesen langweilen sich

Es waren einmal drei Riesen, die saßen eines Tages im Park und langweilten sich grässlich. Der Größte hatte sich an ein Hochhaus gelehnt, das verdächtig ächzte und knarrte. Der Kleinste war nur so groß wie ein Fabrikschornstein schwersten Kalibers.

„Wir können ja wieder mal Murmeln spielen“, schlug er vor. Der Mittlere schüttelte den Kopf: „Der Gemüsehändler hat sowieso keine Kürbisse mehr!“ Schließlich kam dem Größten doch eine Idee: „Wie wäre es, wenn wir mal zum Fußballspiel gehen?“ Die anderen waren begeistert. Sie schickten einen kleinen Jungen, der die Karten holen sollte, denn den Riesen lag das nicht. Sie hätten die Karten ja nicht sehen können. Eigentlich hätten sie auf den Holzbänken Platz

nehmen müssen, aber die wären ja gleich zusammengesackt. So lehnten sich die drei an die Flutlichtmasten.

Schließlich betraten die Mannschaften den Rasen. „FC Flanke gegen BSC Holzhausen“, verkündete der Sprecher.

Der größte der Riesen meinte: „Ich bin für Holzhausen. Grün war schon immer meine Lieblingsfarbe!“ „Ich bin für Flanke. Meine Lieblingsfarbe ist Blau!“, sagte der Mittlere. Der Kleine blickte sich ratlos um. „Ich finde Schwarz am schönsten!“, sagte er. Da entdeckte er den Schiedsrichter. „Das ist mein Mann!“, rief er.

Das Spiel begann mit einem Angriff von Flanke. Aber daraus wurde nichts und Holzhausen konterte. Der Torwart von Flanke konnte nichts machen. Der Ball flog an ihm vorbei in Richtung Tor. Aber im letzten Augenblick pustete ihn der mittlere Riese weg. Im Nu war natürlich eine Prügelei im Gange. Die Flutlichtmasten wackelten. Schließlich wies der Stadionsprecher die drei hinaus.

Seitdem halten sich die Riesen versteckt und schämen sich und die Leute glauben, es gäbe keine mehr.

Andreas Otto, 12 Jahre

Einmal hat es vielleicht eine Hexe aus dem Kollektiv der bösen Hexen gegeben, die es langweilig fand, immer nur böse zu sein. Sie war eine liebevolle, freundliche kleine Hexe.

Aus diesem Unterschied ergeben sich die merkwürdigsten Verwicklungen.

Eine Prinzessin, die sich für Motorräder interessiert

Oft wird von guten und klugen, aber auch von herrschsüchtigen, kriegslüsternen Königen erzählt. Wie wäre es zur Abwechslung mit einem König, der Fahrrad fährt und Holz hackt und mit der Autorennbahn spielt? Oder eine Prinzessin, die sich für Motorräder interessiert?

Erfindet einen tieftraurigen Drachen, der ganz allein ist am Ende der Welt. Erzählt von einem Zwerg, der die Computertechnik beherrscht und damit ein Unglück abwenden konnte.

Oder erfindet Märchen, die den Titel „Schulmärchen“ tragen. Was erleben der Schwamm, die Tafel, der Stuhl und der Tisch, die Schultür, der Globus, die Kreide?

Der Drachen

Am ersten Schultag, einem schönen Septembertag, kam Wind auf. Der Wind vergrößerte sich, wurde ein Sturm. Ich stand vor unserem Haus und sah, wie ein bunter Drachen über die Straße flog. „Komm her!", dachte ich. „Flieg mich zur Schule!"

Da kam der Drachen tatsächlich und setzte sich auf einen der Apfelbäume nieder. Ich hielt mich am Drachen fest und er stieg mit mir immer höher. Bald sah ich unsere Stadt wie eine Zwergenstadt. Ein Flugzeug wollte mit dem Drachen um die Wette fliegen, doch er gab sich Mühe und der Wind half ihm dabei. Mein Drachen schaffte es! Die Vögel setzten sich auf meinen bunten Drachen und sangen Lieder. Der Wind wollte die Vögel durch sein Schnarchen und Sägen übertönen. Doch die Vögel konnten viel mehr als er. Sanft setzte mich der Drachen auf einen der Laubbäume unserer Schule ab, doch ich verfing mich im Geäst des Baumes, nur mit Mühe konnte ich loskommen. Ich stürzte zu Boden und riss mir ein Loch in die Hose.

In der Schule erzählte ich, was ich mit meinem Drachen erlebt hatte, doch keiner wollte mir glauben und alle lachten mich aus. In diesem Moment ging die Klassentür auf und meine Mathematiklehrerin trat ein. „Was soll der Unsinn!", sagte sie zu mir. Und dann erklärte sie mir groß und breit, dass ein Papierdrachen kein Kind tragen kann.

Da bin ich ans Fenster getreten und habe meinen Papierdrachen gerufen. Er kam, ich setzte mich auf seinen Pergamentrücken und er flog mit mir dreimal um die Schule.

Andrea Kintz, 13 Jahre

Warum-Geschichten

Geschichten, die vom Ursprung der Welt erzählen

Wir verlassen die Zimmer der Märchen und gehen nach nebenan. Hier wohnen Geschichten, die vom Ursprung der Welt erzählen: wie der Regen entstand und woher der Wind kam, wie mächtig das Feuer ist und wie alt die Erde. Überall auf der Welt gibt es auch Geschichten, die Antwort geben auf eine Frage.

Wenn ihr jetzt die Texte von Hella, Thekla oder Ernst lest, mag es euch vorkommen, als ob ihr sie schon irgendwo gelesen habt. Vielleicht stehen sie wirklich ähnlich in einem afrikanischen, arabischen oder indianischen Märchen- oder Sagenbuch. Weil die drei sehr viel lesen, vermischt sich in ihrem Kopf das Gelesene mit Selbst-Ausgedachtem. Das ist erlaubt. Nur einen Text ganz und gar abzuschreiben, das ist streng verboten! Das würde bedeuten, geistigen Diebstahl zu begehen. Man nennt das „Plagiat“.

Warum der Himmel blau ist

Warum ist eigentlich der Himmel blau?
Vor etwa 7000000000000000000 Jahren war der Himmel rosa: Weshalb rosa? Nun, weil es eben sehr modern war. Deshalb war der Himmel auch sehr eingebildet. Er rief von früh bis spät: „Ich bin der schönste von allen!“ Der Mond war darüber sehr böse. Er sagte zum Himmel: „Himmel, du warst für uns ein guter Freund, aber seitdem du rosa bist, bist du sehr eingebildet, deshalb verachten dich die anderen. Du sollst die Farbe blau erhalten.“

Und so wurde es dann auch. Wenn ihr seht, dass der Himmel grau ist, so wisst ihr jetzt, dass er wütend ist. Wenn es regnet, dann weint der einst rosarote Himmel. Das ist die wahre Geschichte vom Himmel. Mehr weiß ich auch nicht.
Thekla Siedt, 8 Jahre

Warum die Schlange eine gespaltene Zunge hat

Es war einmal eine Schlange, die sich immer mit der Katze zankte. Eines Tages, als sie sich wieder zankten, riss ihr die Katze die Zunge auf. Da lief die Schlange zur Spinne und sagte: „Näh mir die Zunge zu!" Die Spinne war ein gutmütiges Tier und nähte ihr die Zunge zu und sagte: „Du darfst drei Tage nichts Böses über die Katze sprechen, sonst reißt sie wieder auf." Einen Tag ging es gut. Am anderen Tag, als die Schlange die Katze sah, zischelte sie sogleich wieder los: „Die Katze frisst Mäuse. Ihh!" Und in diesem Moment platzte ihr die Zunge auf. Und weil die Schlange zu faul war, wieder zur Spinne zu gehen, behielt sie für immer ihre gespaltene Zunge.
Hella Hempel, 9 Jahre

Warum die Pfütze ins Meer kam

Es war einmal eine Pfütze, die lag mitten auf einem Handelsweg. Jedesmal, wenn die Menschen versuchten, sie zu entfernen, lief sie ein paar Schritte weiter und breitete sich wieder aus. Der Handelsweg endete an einem Meer. Dort wurde die Pfütze schließlich hineingejagt. Da entwickelte sie sich zu einer Wolke. Seitdem ärgert sie die Menschen, indem sie immer wieder aufs Land regnet.
Ernst Hagen, 13 Jahre

Ernst, Hella und Thekla sind zu ihrer Geschichte gekommen, weil sie die Warum-Frage gestellt haben.

Diese Frage stellen Menschen schon seit Tausenden von Jahren und immer wieder gibt es neue Antworten. Jeder lernt heute im Unterricht, warum die Erde rund ist und das Wasser von oben nach unten fällt. So eine Antwort wäre mit zwei, drei Sätzen erledigt. Eine Geschichte versucht, sie mit einem Bild zu beantworten.

Martina sagt zum Beispiel, dass ein Hahn die Nachtschicht erfand, weil seine Uhr kaputtgegangen ist und er zur falschen Stunde krähte. Das ist ein lustiger Einfall. Originell sind auch die Erklärungen von Elmo und Martina darüber, wie wohl die ersten Schafe auf die Welt kamen.

Elmos Geschichte ist außerdem die kürzeste Geschichte, die ich von einem Kind kenne. Sie besteht aus nur drei Sätzen! Es ist eine große Leistung, mit nur drei Sätzen eine ganze Geschichte zu erzählen. Lange Geschichten schreiben sich viel leichter als kurze.

Der Hahn, der die Nachtschicht erfand

Es war einmal ein Hahn, der krähte jeden Tag um fünf Uhr. Da wussten die Bauern, dass nun Arbeitsschluss war.

Aber eines Tages krähte der Hahn nicht, denn seine Uhr war kaputtgegangen. Die Bauern arbeiteten bis spät in die Nacht – und so war die Nachtschicht erfunden.

Martina Stürmer, 13 Jahre

Das Schaf

Es waren einmal zwei Riesen, die gern strickten. Plötzlich fielen die Wollknäuel auf die Erde. So entstanden die Schafe.

Elmo Brink, 13 Jahre

Wie die Schafe entstanden

Eine alte Oma hatte sehr schöne weiße Haare mit vielen Locken. Eines Tages hatte sie Langeweile und ging zum Friseur und ließ sich die Haare abschneiden.

Auf einmal blökte es im Salon und ein ganz kleines Schaf sprang herum. So entstanden die Schafe.

Martina Stürmer, 13 Jahre

Die Warum-Frage kann unzählige Male und immer wieder anders gestellt werden. Manchmal ergibt sich schon aus einem Begriff selbst eine lustige Erklärung. Warum heißen die A-Meisen eigentlich nicht B-Meisen! Hast du schon gesehen, dass sich in der Giraffe ein Affe versteckt hält? Heißt die Nachtigall vielleicht Nacht-igall, weil sie nur nachts singt? Braucht der Löwenzahn einen Zahnarzt? Ist das Zebra besonders gut in Mathematik, weil es jeden Tag seine vielen Streifen zählt?

Erfindet solche Geschichten, in denen scherzhafte Vergleiche stecken.

Warum in der Giraffe ein Affe steckt

Vor vielen, vielen und nochmal so vielen Sonnentagen lebte im fernen Afrika eine Giral. Die Giral lag gerade in der Abendsonne. Da kam der Affe vorbei und ärgerte sie: „Na, du Breithals!“ Alle Tiere im Wald hänselten sie so, weil sie klein war und einen dicken Hals hatte.

Da wurde es der Giral zu viel. Sie beschloss, sich an dem Affen zu rächen. Sie sagte: „Komm nur her, du Affenbiest!“ „Nein“, antwortete der Affe. Sie sprang dem Affen hinterher, doch der war flink. Da versuchte es die Giral mit einer List. Sie versteckte sich im Busch und sperrte ihr Maul auf.

Der Affe kam vorbei und dachte, es wäre eine kleine Vertiefung. Er sprang der Giral ins Maul. Die machte das Maul zu. Und aus war es mit dem Affen! Er räkelte sich in der Giraffe hin und her, bis er vor Schreck starb.

Beim Herumbewegen hatte sich der lange Schwanz des Affen im Hals der Giraffe festgeklemmt. So kam es, dass aus der Giral, die klein und dick war, eine große Giraffe mit einem schönen, langen Hals wurde.

Eileen Kühne, 12 Jahre

Das gefräßige Nashorn

Es war einmal ein Nashorn, das hatte recht seltsame Essgewohnheiten. Zum einen fraß es den lieben, langen Tag, zum anderen nur solche Dinge, die Nashörner eigentlich gar nicht fressen. Zum Beispiel Steine und Sand. Seine Spezialität aber war Kies. Davon war es so schwer geworden, dass es beim Laufen Löcher von 30 Zentimetern hinterließ.

Nun trug es sich zu, dass es in seinem Revier absolut keinen Sand, keine Steine und keinen Kies mehr gab. So tappte das Nashorn in die Stadt. Zuerst fand es ein baufälliges Haus. Dieses wurde zum Frühstück verputzt. Aber jetzt hatte das Nashorn erst recht Appetit bekommen. In der Nähe befand sich eine Fabrik. Auf dem Wege dorthin fraß es säuberlich alle Steingärten auf. In der Fabrik lagen große Granitblöcke herum. Das Nashorn funkelte vor Freude mit den Augen und biss gierig zu. Da stieß es einen lauten Schrei aus. Der harte Granit hatte einen Backenzahn beschädigt. Nun jammerte es zum Herzerbarmen. Zufällig kam ein Zahnarzt vorbei. Es besah sich den Schaden, rührte einen Sack Zement an und reparierte den Backenzahn. Seitdem frisst das Nashorn nur noch zartes Gras und Blätter. Aber immer denkt es an die guten, alten Zeiten.

Lars Anders, 11 Jahre

Die folgenden Geschichten beginnen meist mit dem Satz „Es war einmal …“ Das bewirkt, dass die Geschichten in eine graue Vorzeit rücken. Irgendwann, vor langer, langer Zeit, sind sie geschehen …

Der Floh als König

Es war einmal ein Floh, der saß im Fell eines Hundes. Dort saßen auch noch andere Flöhe. Die Flöhe hatten diesen Floh zum König ernannt, weil er immer ein fleißiger Floh war.

Doch als König wurde er faul und tat überhaupt nichts mehr. Wenn einer um die Erlaubnis bat, etwas zu bauen oder auch etwas anderes zu tun, sagte er: „Mir doch egal.“ Das war auch das Einzige, was er sagen konnte.

Eines Tages starb der Floh. Die Flöhe begruben ihn und wählten keinen neuen König, denn der erste war ihnen zu faul gewesen.

Nicole Moritz, 12 Jahre

Das müde gewordene Buch

Es war einmal ein Buch, das wurde immerzu aufgeschlagen. Das gefiel dem Buch nicht. Es wollte auch einmal schlafen.

Darum beschloss es, sich von innen festzuhalten. Als der Nächste kam, konnte er sich noch so sehr mühen, er bekam das Buch nicht mehr auf.

Anna Roggemann, 10 Jahre

Von der Brücke und den Rädern

Es war einmal eine Brücke, die vor vielen Jahren über einen großen, reißenden Fluss führte. Als die Menschen den Fluss verdreckten, beschloss der Fluss fortzugehen. Er nahm sein Wasser und marschierte los. Die Brücke war nun ganz allein.

Als die Menschen sahen, dass das Flussbett leer war, berieten sie sich mit dem Bürgermeister. Sie beschlossen, die Brücke abzureißen. Die Brücke erfuhr davon. Sie wollte sofort los, aber sie verknickte sich die Beine. Die Menschen verfolgten sie. Die Brücke bat die Steine, sich rund zu machen. Sie taten es. Die Brücke saß auf und rollte los. Die Menschen liefen hinterher und schrien: „Haltet an, ihr Steine!“ Die Steine schrien zurück: „Nein!“ Und so gelang es der Brücke zu entkommen.

Ernst Hagen, 13 Jahre

Das alte Haus

Es war einmal ein altes Haus, das wollte in Rente gehen. Die Menschen aber sagten: „Nein! Du wirst ein Museum!“ Das Haus rüttelte sich und schüttelte sich, bis alle Menschen herausgefallen waren. Nun hatte es seine Ruhe und war ein Rentner.

Ernst Hagen, 13 Jahre

Als sich die Tiere ihr Kleid auswählten

Alle Tiere hatten endlich ihr Kleid ausgewählt. Nur das eine Tier nicht, das war eine Maus. Sie dachte: „Ich bin eine schlaue Maus, ich trage einfach ein schwarzweiß gestreiftes Kleid.“

Aber, ach, so ein Kleid hatte ja schon das Zebra an! Sie probierte es mit anderen, aber immer musste sie feststellen, dass es schon vergeben war.

Endlich hatte die Maus doch ihr Kleid gefunden. Sie dichtete sich ein Liedchen dazu: „Ach, wie bin ich gut und schlau, ich kleid mich einfach mausegrau!“

Jana Fehrmann, 8 Jahre

Wie aus der Pfütze das Meer wurde

Es war einmal ein kleines Dorf in Amerika, in dem sich vor Tausenden von Jahren ein Stückchen Erde entwickelte, der Blitz und das Wasser. In diesem Dorf wohnte ein Wissenschaftler. Wenn ihm irgendetwas nicht gelungen war, dann fing er an zu schimpfen. Er stampfte auf die Erde und brüllte seinen Zorn. Er riss die Bäume aus und fing vor Wut und Trauer laut zu heulen an.

So entstand eine ganz große Pfütze, in der man baden konnte. Und jedesmal, wenn der Wissenschaftler zu schimpfen und zu heulen begann, kamen Blitz und Regen.

Und weil das so oft geschah, bildete sich aus der Pfütze ein See und aus dem See ein Meer und aus dem Meer ein Ozean. Seitdem braucht niemand mehr in Pfützen zu baden.

Anna Roggemann, 10 Jahre

Wundersame Geschichten

Wir schließen die Türen der Märchen- und Sagenzimmer und steigen in den ersten Stock hinauf. Hier oben sind die Zimmer nicht mehr ins Halbdunkel getaucht. Sie haben hohe Glasfenster, durch die das Tageslicht scheint.

Die Einrichtung der Zimmer ist ganz verschieden. In einem steht ein altes, schön geschwungenes Sofa, in einem anderen befinden sich nur einfache Kastenmöbel aus Holz. Hier stehen ein Computer und elektronisches Spielzeug. Dort glaubt man, den Baldachin eines Himmelbettes zu erkennen. Liegt da nicht eine Prinzessin darin? Hat sie sich etwa aus den unteren Etagen nach oben verirrt?

Geschichten über heutige, ganz alltägliche Dinge können märchenhaft erzählt werden

Aber nein. Auch die Geschichten über heutige, ganz alltägliche Dinge können märchenhaft erzählt werden. Da kann es passieren, dass etwas, was normalerweise auf zwei Beinen geht, plötzlich durch die Luft fliegt. Ein Wunder findet statt, etwas wird verzaubert, verschwindet, taucht überraschend wieder auf. Ein Haus zum Beispiel, kann nicht sprechen, hat keine Füße zum Laufen – und trotzdem geschieht es in der Geschichte von Silke und Nicole, dass ein kleines Haus plötzlich fortgeht.

Wie sie dazu gekommen sind, diese Geschichten zu schreiben? Wir haben uns darüber unterhalten, wie ein Haus lebendig werden könnte.

Ein Haus hat Stimmen. Geht einmal am Abend an einem Haus vorbei und lehnt euch an die Hauswand. Wenn es eine warme Sommernacht ist, werden viele Fenster offenstehen. Plötzlich könnt ihr hören: Das Haus lacht. Es kann auch kichern und husten und schimpfen und weinen oder bellen wie ein Hund.

Wenn ihr ein Haus am Abend betrachtet, erkennt ihr plötzlich, dass ein Haus auch Augen hat. Sie blinkern zu euch herüber. Ein Haus hat auch einen Hut auf: Das ist sein Dach. Die Antennen sind angesteckt wie die Federn an einem Jagdhütchen.

Wir sind dabei, das Haus lebendig werden zu lassen. Wenn wir diesen Schritt gehen, können wir auch mutig den nächsten wagen. Angenommen, das Haus ist ein ganz kleines, verlassenes Häuschen, das mitten zwischen hohen Hochhäusern steht. Vielleicht hat man vergessen, es abzureißen. Jedenfalls hat es niemanden mehr, mit dem es sich unterhalten kann. Die hohen Häuser da oben unterhalten sich nur mit sich selbst. Das kleine Haus da unten versteht kein Wort. Da wird das kleine Haus sehr traurig und später wütend. Als es wütend genug ist, etwas zu unternehmen, beschließt es fortzugehen. Es macht Türen und Fenster zu, hält alles ganz fest und geht los …

Es war einmal ein Haus

Es war einmal ein Haus, das war sehr klein und stand zwischen großen Häusern. Die großen Häuser unterhielten sich oft.

Wenn das kleine Haus mitreden wollte, musste es schreien. Das hatte das Haus bald satt und es schwieg. Doch jetzt überfiel es die Langeweile. Schrecklich war es. Das Haus wünschte sich, weglaufen zu können. Es strengte sich sehr an. So sehr, dass sogar ein wenig Putz abbröckelte. Und siehe da, es schaffte es.

Es lief und lief und lief. Als es endlich stehen blieb, merkte es, dass es auf dem Lande zwischen lauter Häusern stand, die genauso groß waren wie es selbst. Sie unterhielten sich sehr schön und das Haus beschloss, dort stehen zu bleiben.

Silke Gelbke, 11 Jahre

Das kleine Haus

Es war einmal ein klitzekleines, minimales und schneeweißes Haus. Es stand auf einer Wiese in der Sonne zwischen vielen Gänseblümchen. Im Sommer konnte man es nicht sehen und im Winter auch nicht. Darüber war das Haus sehr traurig. Es beschloss, auf Wanderschaft zu gehen. Es lief in den Wald und setzte sich unter eine große Eiche. Darunter konnte man es gut sehen. Aber dann fiel ihm ein, dass man es im Winter nicht sehen würde. Es überlegte, wo es noch hinwandern könnte. Es lief und lief und lief und lief – bis es ans Meer kam.

Aber am Meer erblickte es große Felsen. Es hockte sich in eine Felsspalte und war traurig. Und wenn es nicht darauf gekommen ist weiterzuwandern, sitzt es immer noch in der Felsspalte.

Nicole Moritz, 11 Jahre

Ich lade euch ein, eine eigene kleine Haus-Geschichte zu schreiben.

Eine eigene kleine Haus-Geschichte schreiben

Das Wort Haus ist ein sehr altes Wort und hat deshalb unglaublich viele Zusammensetzungen und Ableitungen. Wenn ihr aufschreibt, was es alles für Häuserarten gibt, kommt ihr ganz rasch auf mindestens fünfzig verschiedene Häuser: Nachbarhaus – Hochhaus – Krankenhaus – Schneckenhaus – Gartenhaus – Abrisshaus – Bauernhaus – Sommerhaus – Landhaus – Stadthaus – Hexenhaus – Rathaus – Warenhaus – Zuchthaus – Vogelhaus – Waschhaus – Nebenhaus – Mietshaus – Bootshaus – Fachwerkhaus – Steinhaus – Kartenhaus – Königshaus – Geburtshaus – Waisenhaus – Traumhaus – Kühlhaus – Gewächshaus – Glashaus – Klubhaus – Heizhaus – Wohnhaus – Ferienhaus – Bettenhaus – Brauhaus – Ballhaus – Puppenhaus – Rasthaus – Autohaus – Gewerkschaftshaus – Opernhaus – Schauspielhaus – Konzerthaus – Gewandhaus – Kaufhaus – Teehaus …

Sucht euch eines der Häuser aus und gebt ihm eine Geschichte. Wenn sie euch nicht gleich einfällt, verrate ich euch einen Trick: Gebt dem Haus einfach einen Partner.

Viele kommen jeden Tag an einem Haus vorüber. Unter den vielen, die vorübergehen, lässt sich der Freund des Hauses finden. Vielleicht ist es jemand, der im Gegensatz zum Haus sich fortbewegen kann. Er kann gehen, fliegen oder fahren.

Also sagt das Haus neidisch zu ihm: „Du hast es gut! Du kannst die weite Welt sehen! Und ich? Ich muss immer an der gleichen Stelle stehen!“ Da sagte der Freund: „Wollen wir tauschen?“ Und so tauschen sie …

Daniel kam auf die Idee, eine Straßenbahn und ein Haus zu so einem Tausch zu veranlassen. Hier ist seine Geschichte:

Die Straßenbahn und das Haus

Es war einmal eine Straßenbahn, die fuhr jeden Tag an dem gleichen Haus vorbei. Immer klingelte sie laut, wenn sie vorüberfuhr. Doch eines Tages geschah es, dass die Straßenbahn direkt vor dem Haus anhielt. Noch nie hatte die Bahn dort angehalten, denn die Haltestelle war ganz woanders. Die Menschen stiegen wütend aus. „Ich will mein Fahrgeld zurück!", sagte ein Fahrgast. Ein anderer spottete: „Gott sei Dank bezahle ich vorsorglich nie." Schimpfend entfernten sich die Leute.

Als niemand mehr zu sehen war, schaute sich das Haus die Straßenbahn und die Straßenbahn das Haus mit einem langen Blick an. Schließlich seufzten beide. Ach, sagten beide, ich würde so gerne du sein … Sie unterhielten sich lange über ihre Probleme. Der eine wollte gern auf Rädern fahren, der andere still auf einem Platz stehen können. So kamen sie auf die Idee zu tauschen.

So kommt es, dass noch heute – denn es ist lange, lange her – sich manche Bauleute nach diesem Vorfall richten. Sie bauen ganz lange, schmale Zimmer oder sie schmelzen Doppelstockbusse zusammen.

Daniel Matthes, 11 Jahre

Melanie erzählt, wie eines Tages ein Kamel das kleine Haus, ein ganz besonders ängstliches Haus, glücklich machte. Es ist die Geschichte einer Begegnung geworden. Begegnungen finden auch in der Geschichte von Marc statt. Hier bewirkt die Begegnung mit einem Auto, dass sich zwei seit ewigen Zeiten verstrittene unterschiedliche Häuser plötzlich besinnen. Die Begegnung hat sie so verwirrt, dass sie ihren gewohnten Streit vergessen.

Das kleine Haus

Es war einmal ein kleines Haus. Das war sehr furchtsam. Eines Tages kam ein Elefant und blieb direkt neben der Tür stehen. Das kleine Häuschen fing an zu zittern. „Was willst du?", fragte es zaghaft.

„Ich", fing der Elefant an, „bin ein Wanderer und suche Unterschlupf."

„Bei mir nicht!", sagte das Haus und fing an zu weinen. Da ging der Elefant wieder weiter.

Aber eines Tages kam ein Kamel, das großen Durst hatte. Da sah es vor dem Haus eine Pfütze, die das kleine Häuschen geweint hatte. Das Kamel trank und trank und bedankte sich dann bei dem Häuschen.

Melanie Näther, 11 Jahre

Das Zuchthaus und das Gasthaus

Es waren einmal ein Zuchthaus und ein Gasthaus, die stritten sich dauernd. Das Gasthaus sagte: „In dich gehen die Leute mit Widerwillen, in mich dagegen mit Freude hinein!“

„Na und“, erwiderte das Zuchthaus, „ich bin aber viel nützlicher, in dich gehen die Leute nur, um sich zu be…, na, ich meine, zu betrinken! Außerdem habe ich viele Kosenamen: Knast, Loch, Kittchen …“

Aber da prahlte das Gasthaus: „Das ist doch gar nichts, mich nennt man Restaurant, Gaststätte, Kneipe, Wirtshaus … Was sagst du nun?“ „Na, ja …“, druckste das Zuchthaus verlegen herum.

„Was streitet ihr euch so, die große weite Welt seht ihr sowieso nie!“, trumpfte da ein Auto auf, das gerade vorbeifuhr.

„Was?“, fragten Gasthaus und Zuchthaus wie aus einem Munde. Sie waren verblüfft. Noch nie hatte jemand sich in ihr Gespräch gemischt. „Es stimmt doch!“, fuhr das Auto fort.

„Ja, es stimmt“, dachten die beiden Häuser. Sie konnten sich nicht vom Fleck bewegen.

Seitdem grübeln sie darüber nach, wie sie es anstellen könnten, Autos zu werden. Und wenn sie nicht gestorben sind oder wenn sie nicht abgerissen worden sind, stehen sie noch immer so nachdenklich herum.

Mark Pietrzcynski, 12 Jahre

Das Gegenteil von einem Streit ist eine Freundschaft. Während sich das Gasthaus und das Zuchthaus bei Marc streiten, finden in den Geschichten von Claus, Carsten und Nicole die Häuser eines Tages neue Freunde. Sie sind nun nicht mehr allein und traurig, die Geschichten enden alle glücklich.

Das Haus, der Junge und der Vogel

Es war einmal ein kleines Haus, das hatte einen Vogel als Freund. Eines Tages geschah etwas: Da kam ein böser Junge. Der kletterte auf einen Baum und wollte das Nest des Vogels herunterwerfen. Der Vogel weinte und flog zum Haus. Er erzählte ihm alles.

Da schickte das Haus eine Rauchwolke als Botschaft an den Wind. Der Wind pustete den bösen Jungen vom Baum.

Carsten Fiedler, 8 Jahre

Das glückliche Haus

Es war einmal ein altes und großes Haus. Eines Tages zogen Leute darin ein, die machten immerzu Krach. Dem Haus dröhnten schon die Ohren. Schließlich zogen die Leute wieder aus.

Jetzt treiben Kobolde dort ihr Werk. Das Haus freut sich, weil die wenigstens keinen Krach machen. Dafür aber Spaß und das Haus ist glücklich.

Claus Hannibal, 9 Jahre

Das Haus und der Hase

Es war einmal vor vielen Jahren ein kleines Haus, das einen schwarzen Hasen zum Freund hatte. Der Hase kam in der Welt herum und erzählte dem Haus viele Geschichten. Aber eines Tages wurde er krank. Er hatte Husten und Schnupfen. Da hat er das Haus gefragt, was er tun soll.

„Spring in mich hinein und leg dich ins Bett!"

Nach einer Woche ging die Tür auf und der Hase kam gesund heraus. Haus und Hase sind seitdem noch bessere Freunde.

Nancy Kreuzmann, 9 Jahre

Das Haus und der Vogel

Es war einmal ein Haus, das hatte keine Freunde. Es stand ganz allein mitten auf einer Wiese. Da kam ein kleiner Vogel. Er war sehr lange geflogen. Er setzte sich auf das Dach, um auszuruhen. Aber er sprach kein Wort mit dem Haus. Das Haus wollte fragen, ob er bei ihm bleiben wollte. Aber es traute sich nicht. Schließlich nahm er seinen Mut zusammen und fragte doch.

Der Vogel antwortete: „Es wird Winter. Ich muss nach Afrika." Das Haus wusste nicht, wo Afrika war. Der Vogel erklärte: „In Afrika ist es sehr warm. Da kann man sich tummeln und machen, was man will. Dort gibt es Bananen, Kokosnüsse und vieles andere mehr."

Das Haus war neugierig geworden. Es träumte, es hätte Flügel und könnte mit dem Vogel nach Afrika. Aber es war nur ein Traum. Der Vogel sagte, das Haus solle deshalb nicht traurig sein. Es könnte ja auf ihn warten.

Der Vogel flog los. Das Haus wartete den ganzen Winter. Als es langsam Sommer wurde, kam der kleine Vogel wieder. Er hatte etwas auf seinem Rücken gebunden. Als er näher kam, sah man etwas Helles und Braunes. Der Vogel setzte sich auf das Dach, um zu verschnaufen. Dann nahm er das Draufgebundene ab.

Er gab es dem Haus. Das Haus fragte, was das sei. Der Vogel sagte: „Es sind eine Banane und eine Kokosnuss.“

Das Haus freute sich sehr und damit ist die Geschichte aus.

Nicole Reiche, 10 Jahre

Ganz anders dagegen ist es in der Geschichte „Elefant und Elefantenhaus“. Hier sind zwei fürchterlich verstritten, jemand will diesen Streit schlichten, aber es gelingt nicht. Am Ende streiten sich Elefant und Elefantenhaus unendlich weiter.

Das ist eine merkwürdige Geschichte. Streit ist doch eigentlich etwas Lautes, Böses, Unruhiges. Aber in der Geschichte von Jens heißt es im letzten Satz: Sie „stritten sich nun in aller Ruhe weiter“.

Hier wird ein Tatbestand nicht übertrieben, sondern ganz stark untertrieben.

Elefant und Elefantenhaus

Es waren einmal ein Elefant und ein Elefantenhaus, die stritten sich am laufenden Band. Die beiden wohnten in irgendeinem Zoo auf dieser Welt.

Kaum waren sie aufgewacht, ging das Spektakel los. Das Haus ärgerte den Elefanten mit ungeziemlichen Ausdrücken. Dieser schlug daraufhin mit seinem Rüssel eine der vielen Scheiben des Elefantenhauses ein. Das Haus antwortete mit einer Kalkattacke. Es rüttelte und schüttelte sich, bis der Kalk von der Decke rieselte und die Augen des Elefanten traf. Daraufhin schlug der wieder eine Scheibe des Hauses ein. Das Elefantenhaus antwortete mit der nächsten Kalkattacke. Und so ging das jeden Tag. Man brauchte sich nicht zu wundern, wenn der Zoo jeden Tag mindestens die Decke neu kalken und dem Elefanten den Augenarzt bestellen musste. Außerdem war natürlich ein Glaser nötig.

Eines Tages kam ein neuer Tierwärter. Als er sah, was los war, wollte er hart eingreifen. Er schrie: „Hört auf, hört sofort auf!“ Er schrie sehr laut und mehrmals. Das war dem Elefanten und dem Elefantenhaus zu dumm. Der Elefant griff mit seinem Rüssel nach dem Tierwärter und mit Schwung setzte er ihn ins Robbenbecken. Als der Wärter wieder auftauchte, rief er dem Elefanten ellenlange Flüche hinterher, rannte in Richtung Direktion und war am selben Tag noch abgereist.

Der Elefant und das Elefantenhaus aber stritten sich nun in aller Ruhe weiter.

Jens Richter, 11 Jahre

Wenn ihr jetzt Lust habt, selbst eine Geschichte über ein Haus zu schreiben, dem ein neuer Freund – vielleicht auch ein Feind – begegnet, dann solltet ihr vorher überlegen, wer dieser Zweite in der Geschichte sein kann. Aus seinem Charakter, seinen Eigenschaften kann sich die Geschichte – das Geschehen – fast von allein ergeben.

Hier einige Vorschläge für mögliche Begegnungen:
– ein Haus – ein Vogel
– ein Haus – eine Straßenbahn
– ein Haus – ein Schulkind
– ein Haus – ein alter Mann mit Hund
– ein Haus – eine Katze
– ein Haus – ein Müllwagen
– ein Haus – der Wind
– ein Haus – der Mond

H-Geschichte vom Haus

Es war einmal ein Haus, da wohnte eine Hummel und suchte ihre Hose. Als sie die Hose gefunden hatte, suchte sie das Hemd. Der Himmel war hell und es war sehr heiß.

Susanne Liebscher, 9 Jahre

Spannende Geschichten

Es gibt viele und lange Flure, die die Zimmer im Schloss verbinden. Es gibt einen linken und einen rechten Flügel und die Geschichten, die hier oder dort wohnen, unterscheiden sich. In dem linken Flügel poltert und dröhnt es manchmal.

Da, wo das Treppenhaus sich öffnet, steht eine schwere alte Standuhr wie ein Wächter. Betrachtet das verschnörkelte Zifferblatt. Die alte Märchenzahl Zwölf ist auch hier anwesend. Jede Uhr hat zwölf Tagesstunden und zwölf Nachtstunden. Die zwölfte Stunde ist eine besondere Stunde.

Mitternacht ist die Stunde, in der die Geister wach werden, die Gespenster umherwandeln, eine geheimnisvolle Tür aufspringt, das Käuzchen schreit. In der Mittagszeit, in einem sommerlichen Kornfeld, ist sie die Spaziergehstunde der Mittagshexe.

Die zwölfte Stunde ist in vielen Geschichten das Maß für eine Tat. Bis dahin muss der Schatz gefunden, das Rätsel gelöst, müssen die drei Aufgaben erfüllt werden. Immer wieder werdet ihr auf diese magische Größe stoßen.

Alle Vorgänge haben ein Gestern, ein Heute und ein Morgen

Alle Vorgänge haben ein Gestern, ein Heute und ein Morgen. Etwas kann an einem Tag, innerhalb einer Woche, eines Monats oder während eines ganzen Jahres geschehen. Das Jahr wiederum ist unterteilt in Jahreszeiten. Auch das Leben eines Menschen kennt verschiedene Zeiten: die Kindheit, die Jugend, das Erwachsensein und das Alter.

Deshalb spielt sich auch alles, was erzählt wird, in einer bestimmten Zeit ab. Es gibt Geschichten, die von einem einzigen Tag oder auch nur einer einzigen

Stunde erzählen. Andere handeln über einen ganzen Sommer oder über ein Jahr. Romane erzählen oft von der Lebenszeit eines Menschen, von seiner Geburt bis zu seinem Tode.

Das Kinderbuch „Alfons Zitterbacke“ von Gerhard Holtz-Baumert spielt an vielen verschiedenen Tagen im Leben eines Schülers. „Die Reise nach Sundevit“ von Benno Pludra erzählt von einem einzigen Tag.

Nicht nur die Dauer der Zeit, sondern auch der Zeitpunkt bestimmen eine Geschichte. Eine Geschichte, die am frühen Morgen, bei Sonnenaufgang spielt, wird anders erscheinen als eine, die bei anbrechender Dunkelheit im tiefen Wald spielt. Jede Tages- und Nachtzeit, jede Jahreszeit hat eigene Farben, Gerüche und Geräusche.

Ein Geschichtenschreiber erzählt immer von einem Geschehen, das eine bestimmte Zeit dauert und an einem bestimmten Ort stattfindet.

Es gibt viele Orte, an denen eine Geschichte spielen kann

Den Ort einer Geschichte denkt sich der Geschichtenschreiber ebenfalls aus. Er darf kein Zufall sein. Es muss einen Grund dafür geben, warum eine Geschichte an diesem und nicht an einem anderen Ort spielt.

Orte, an denen eine Geschichte spielen kann

Orte, an denen eine Geschichte spielen kann:

- auf einem Dachboden oder in einem Keller, um einen geheimnisvollen Schatz zu entdecken
- in einem großen, dichten Wald, Ort für Heldentaten und Abenteuer
- auf der Straße oder in einem Café trifft sich ein Liebespaar
- auf dem Meer und im Hafen spielen Seefahrergeschichten
- eine Landstraße, eine Reisekutsche oder ein Eisenbahnabteil für Reisegeschichten

Ein Ort, den ihr sicher gut kennt und gern habt, ist der Garten. Ein Garten im Sommer kann ein Ort der Abenteuer und Entdeckungen sein, ein Platz zum Träumen und Verlieben, zum Spielen und Faulsein.

Ein Garten hat: Bäume, Sträucher, eine Wiese, Beete, eine Wassertonne, einen Zaun, ein Gartentor. Das sind die Kulissen der Geschichte. Sie können aber auch selbst zu Mitspielern werden. Wer gehört zur Gartengesellschaft? Auch das ist schnell aufzuzählen: Vögel, Insekten, Hund, Katze, Kaninchen, Igel, Nachbarskinder, Gartenbesitzer.

Die Gerüche eines Gartens: der Geruch der frisch gemähten Wiese, der Dunst nach einem Sommergewitter, der von Gras und Blättern aufsteigt, der Duft der Himbeeren, des Klees, der Kamille. Im Garten summt, zwitschert, pfeift, jubiliert, faucht, raschelt, klopft, pickt, kreischt, kräht, juchzt es.

Ergibt das alles schon eine spannende Geschichte?

Eine Geschichte wird erst daraus, wenn etwas passiert

Nein. Es würde nur einen Eindruck beschreiben. Eine Geschichte wird erst daraus, wenn etwas passiert. Was kann passieren und wem? Das ist die wichtigste Entscheidung für einen Geschichtenschreiber. Wenn er das nicht weiß, kann er nicht anfangen zu erzählen.

Wie findet man ein Geschehen? Man muss auf diejenigen schauen, die handeln können. Das sind die Personen (oder Figuren), manche sagen auch „Helden", aber ich mag den Begriff nicht, weil ein Held immer gleich ein Werturteil einschließt. Jeder Mensch hat einen eigenen, unverwechselbaren Charakter. Er hat nicht nur diese oder jene Gesichtszüge, Augenfarbe, Taillenmaße – er hat Eigenschaften. Er ist listig oder schlau, still oder schüchtern, besonnen oder wagemutig. Die Mischung dieser Eigenschaften ist bei jedem Menschen eine andere. Allerdings geschehen den meisten Menschen ähnliche Dinge. Sie verlieben sich, heiraten, lösen Aufgaben, werden enttäuscht, verraten, bewähren sich in einer schwierigen Situation oder versagen, erleiden Schmerz, empfinden Sehnsucht, haben Träume.

Es gibt hunderte Geschichten vom Abschied, tausende vom Verrat und millionenmal Geschichten von der Liebe. Nun werdet ihr sagen: Wenn alles schon einmal erzählt worden ist, dann brauchen wir uns gar keine Mühe mehr zu geben! Aber nein. Immer wieder erleben und erleiden Menschen ihr eigenes, einmaliges Schicksal. Ein Geschichtenschreiber macht es sich zur Aufgabe, von diesen unvergleichlichen Schicksalen zu erzählen. Dazu muss er sie aber sehr genau kennen und verstehen. Sonst würde er der Wahrheit nicht gerecht werden.

Aber bleiben wir zunächst bei dem, was geschieht. Versuchen wir es an einem Beispiel und nehmen noch einmal unseren sommerlichen Garten. Wir beschränken unsere Gartengesellschaft auf Tiere und lassen die Hauptperson eine Eule namens Susi sein. Diese Eule Susi hat sich verliebt und ihren Bräutigam gefunden. Nun soll die Hochzeit stattfinden und alle im Garten sind dazu eingeladen.

Geschichten von Vogelhochzeiten gibt es natürlich schon. Wenn wir noch eine hinzufügen, muss es eine besondere sein, damit sich das Erzählen lohnt und uns unsere Zuhörer nicht weglaufen.

Damit sich das Erzählen lohnt

Was könnte das besondere Geschehen sein?

Grundsätzlich gibt es dafür zwei Möglichkeiten:

Erstens: Susi, die Eule, ist eine ganz normale, nette Eule und hat sich einen ganz normalen, passenden Bräutigam gesucht, einen Eulerich. Die Hochzeitsgesellschaft ist vollständig erschienen, es könnte losgehen – da, plötzlich taucht ein grässlicher Raubvogel auf und entführt Susi, die Braut.

= Es geschieht etwas von Außen.

Zweitens: Die Hochzeit der Eule Susi soll stattfinden, alle sind erschienen, die Welt ist in Ordnung, keine Gefahren drohen – da stellt sich heraus, dass Susi einen ungewöhnlichen Geschmack bei der Wahl ihres Bräutigams gehabt hat. Sie hat sich nicht, wie es üblich wäre, einen Eulerich gewählt, sondern einen Star. Der Star aber ist ein Tagvogel, während Susi ein Nachtvogel ist. Das passt nicht zusammen! Susi behauptet aber, ihren Star heiß und innig zu lieben und nur ihn zum Manne nehmen zu wollen. Was nun?

= Etwas geschieht im Inneren der Person (durch Charakter, unübliches Verhalten außerhalb der Norm).

Diese zwei Möglichkeiten unterscheiden die Geschichten im linken und rechten Schlossflügel. Deshalb geht es im linken zumeist etwas lauter und poltriger zu und man kann gleich sehen, was passiert ist. Im rechten Flügel ist nicht sofort zu erkennen, was die Ursache eines Ereignisses ist. Dinge, die äußerlich geschehen, sind leichter zu erfinden. Was kann das nicht alles sein, wenn man allein an bestimmte Naturereignisse denkt. Die Welt kann durch so viele Dinge in Unordnung geraten:

- Die Zeit bleibt plötzlich stehen. Es wird nie mehr dunkel. Immer scheint die Sonne, ist es warm und hell. Ein paar Tage mag das ganz lustig sein und alle Kinder freuen sich, dass sie nicht ins Bett müssen. Aber dann fangen die Augen an zu schmerzen, alle sehnen sich nach der Kälte und Dunkelheit der Nacht …
- Plötzlich bläst kein Wind mehr, die Windmühlen bleiben stehen, die Wellen rauschen nicht mehr ans Ufer des Meeres, der Fluss steht still.

In dem Märchen „Die Regentrude“ von Theodor Storm gibt es einen schrecklich heißen Sommer, in dem Gras und Feld verdorren und das Vieh verschmachtet. Die Regentrude ist eingeschlafen und muss erst mit einem Zauberspruch erweckt werden, den niemand mehr kennt.

Ereignisse, die sich aus inneren Bedingungen (aus Eigenschaften oder Verhaltensweisen von Personen) ergeben, sind häufig komplizierter gebaut und auch schwerer zu erfinden als die eben genannten.

Die berühmte Pippi Langstrumpf ist eine Figur, deren Eigenschaften so unnormal, so übertrieben anders sind, dass alles, was sie anstellt, die Welt in Aufregung versetzt.

Alfons Zitterbacke ist ein Junge, der ständig und immer Pech hat. Alles, was er gutmütig anfasst, misslingt. Er wird beschimpft und beschuldigt und kann in den meisten Fällen nichts dafür. Es ist immer wieder ein Missverständnis.

Alfons Zitterbacke und Pippi Langstrumpf würden im rechten Flügel des Schlosses wohnen. Ihre Erfindung – denn sie sind beide die Erfindung ihrer Autoren – ist eine große Leistung.

Hat man einen Einfall, zum Beispiel, dass plötzlich das Meer nicht mehr rauscht oder alle Uhren stehen bleiben, ergibt sich eine Handlung fast von selbst. Ein solches Ereignis bewirkt schließlich allerhand!

Eine Figur zu erfinden gelingt mit einem einzigen guten Einfall noch nicht

Eine Figur zu erfinden gelingt mit einem einzigen guten Einfall noch nicht. Eine Figur verändert sich in bestimmten Situationen. Ein Mensch ist nicht nur gut oder böse, er ist in der einen Situation gütig und hilfreich, in der anderen nachtragend oder rechthaberisch.

Deshalb schlage ich euch vor, zunächst mit solchen Geschichten zu beginnen, in denen ein Ereignis im Mittelpunkt steht.

Beginnt, weil wir bei der alten Standuhr unseren Weg über den Flur begonnen haben, mit einer kleinen Geschichte über die Uhrzeit. Jede Uhr hat zwölf Tagstunden und zwölf Nachtstunden – ganz gleich, ob es sich um eine Armbanduhr, Weckeruhr, Standuhr, Kuckucksuhr, Rathausuhr, Schuluhr, Stoppuhr oder Weltzeituhr handelt.

Eines Tages geschieht etwas Ungewöhnliches auf der Uhr. Eine der Stunden springt herunter und läuft davon …

Die kluge Stunde

Es war einmal eine Uhr, der riss eine Stunde aus. Es war die Abendstunde. Als es nun Abend wurde, blieb die Zeit stehen. Alle wunderten sich. Wo war die Stunde? Alles wurde kunterbunt. Die Uhr gehörte einem kleinen Mädchen. Sie unterhielt sich oft mit ihr und wusste, was die Stunde interessierte. Deshalb suchte sie sie in der Stadtbibliothek. Tatsächlich. Die Stunde war dort. Sie steckte gerade in dem Buch „Die Schatzinsel“ bei Kapitän Flint. Das Mädchen sagte zu der Stunde: „Komm wieder. Ich bringe dir auch immer Bücher mit.“ Die Stunde war zufrieden. Seitdem ist die Abendstunde immer klüger als die anderen.

Susanne Voigt, 11 Jahre

Die wandernde Mitternachtsstunde

Die kleine Armbanduhr an Reginas Hand hatte wie jede Uhr 24 Stunden. Die 24. Stunde war die Jüngste. Eines Tages, als gerade die verschlafene zweite Stunde herrschte, schlich sie sich davon. Sie hatte es satt, immer vor den kleinen Gespenstern, die gegen Mitternacht auftauchten, Angst zu haben. Sie wanderte in die Welt.

Als Regina am Morgen aufwachte, war alles in ihrer Uhr durcheinander. Sie brachte sie zum Uhrmacher. Aber der konnte da auch nicht helfen.

Die Mitternacht machte es sich inzwischen auf einem Baum bequem und schlief ein. Als sie wieder aufwachte, hatte gerade die elfte Stunde Dienst. Gleich wird sie mich entdecken, sorgte sich die Mitternacht.

Aber es war schon zu spät. Die Elfte hatte sie entdeckt und flog mit ihr nach Hause. Von nun an legte sie sich ein Tuch über die Augen, damit sie die Gespenster nicht sehen musste.

Sinilka Bischoff, 11 Jahre

Die zehnte Stunde

Die zehnte Stunde hatte es satt, immer mit einer lauten Schulklingel zum Dienst gerufen zu werden. Sie war nämlich von Natur aus etwas faul und schläfrig und das Klingeln ging ihr im wahrsten Sinne des Wortes auf den Wecker. So machte sie sich davon und schärfte den anderen Stunden ein, nicht zu petzen. Die anderen versprachen es, denn sie hatten Angst vor der Schulstunde, weil sie auch etwas gewalttätig war.

Die Stunde schlenderte durch den Park und freute sich über das Chaos, das sie angestiftet hatte. Die Menschen standen in größeren Gruppen beieinander und starrten verständnislos zur Rathausuhr, die eben elf Uhr schlug, obwohl es vor einer Stunde gerade erst neun Uhr gewesen war. Die meisten brachen in Panik aus, weil sie fürchteten, sich zu verspäten. Einige holten einen Polizisten, der aber in Anbetracht des Sachverhalts völlig hilflos war.

Die zehnte Stunde war so begeistert, dass sie sich unvorsichtigerweise zu dicht an die Menge wagte. Die Polizisten, deren Zahl inzwischen angewachsen war, entdeckten sie. Für eine Flucht war es zu spät. Die Polizisten hatten die Zehnte gepackt. Sie schrie und zappelte. Aber es nützte alles nichts. Da versprachen die Polizisten ihr, den Schulanfang künftig auf die achte Stunde zu verlegen. Die Zehnte führte ein bequemes Leben. Sie wurde dick und rund, weil sie nun die Stunde der Spätfrühstücker war.

Andreas Otto, 12 Jahre

Traumgeschichten

Im Traum erlebt man die sonderbarsten Geschichten. Wacht man auf, ist nur noch ein Zipfel davon zu erhaschen. Begabte Träumer stecken den Kopf wieder unters Deckbett und träumen weiter. So entstehen Fortsetzungsträume.

An manche Träume erinnert man sich noch nach Jahren. Sie sind wie kleine Geschichten – abenteuerlich, voller Überraschungen und Sonderbarkeiten: Man fliegt vom Dach eines Hochhauses, segelt über Abgründe von Gebirgen, taucht in Meerestiefen. Nur leider kann man nicht richtig essen im Traum und das beste und größte Stück Schokolade bleibt geschmacklos.

Ich kenne viele Kinder, die ihre Träume aufgeschrieben haben. Manchmal ist mir durch die Erzählungen ihrer Träume bewusst geworden, welche Sehnsüchte, aber auch welche Ängste in ihnen steckten.

Es gibt verschiedene Träume: Schlafträume, Wunschträume, Albträume, Zukunftsträume. Man kann auch mit offenen Augen träumen. Dann macht man Pläne und denkt an die Zukunft.

Man kann auch mit offenen Augen träumen

Träume sind immer bildhaft, sinnlich, farbig. Ein Mensch, der keine Träume hat, ist ein armer Mensch.

Versucht, euch an eure Träume zu erinnern, und schreibt sie auf. Fällt euch keiner mehr ein, solltet ihr am nächsten Morgen aufpassen, ob ihr noch einen erwischt, bevor er aus eurem Schlafzimmer fliegt.

Der Schulanfangstraum

In der Nacht vor dem Schulanfang träumte ich jedes Jahr dasselbe: nämlich Schulanfang.

Ich wachte auf und mir fällt ein, dass ich nicht im Ferienlager bin, sondern zu Hause und dass heute Schulanfang ist.

Gestern abend habe ich vergessen, den Wecker zu stellen. Verschlafen! Und ausgerechnet am ersten Schultag! Ich stehe auf, und da die Schule sowieso schon begonnen hat, lasse ich mir Zeit, bummle beim Waschen und Frühstücken. Auf meine Zahnarztkarte schreibe ich: Bestellt am 1. 9., halb acht. Da komme ich zur zweiten Stunde gerade recht.

Ich suche Hefte, finde sie nicht. Im ganzen Haus kein Blatt Papier! Ich bin gezwungen, eine Klopapierrolle zu nehmen. So wandre ich los, sehe aber die anderen Kinder hundert Meter vor mir. Ich renne, komme aber nicht vorwärts. Nur das Klopapier fliegt um mich, wickelt mich ein, ich beginne zu schreien, werde aber nur noch mehr eingewickelt! Ich kippe nach vorn, kann mich nicht halten. Ich stürze – und wache auf, liege neben meinem Bett.

„Typisch du!“, meint mein Bruder und geht sich waschen.

Dörte Heller, 12 Jahre

Ein schrecklicher Traum

An einem Sonntagnachmittag komme ich mit Francesco vom Spielen. Das träumte ich oft. Meine Mutti kocht Suppe. Francesco und ich setzen uns an den Küchentisch. Meine Mutti tut mir Suppe auf.

Plötzlich ertönt ein unbekannter Sirenenklang. Mutti lässt den Topf auf meinen Teller fallen und schreit: „Kinder, schnell in den Keller!“ Francesco rettet noch mein Meerschweinchen.

Irgendwie sind wir in den Keller gekommen. Francesco und ich rennen noch mal bis zur Haustür und dann bis zu den Bahngleisen.

Auf einmal kracht es und knallt hinter uns. Erschrocken halten wir uns die Ohren zu. Dann drehen wir uns um. Tränen laufen über meine Wangen. Francesco tröstet mich. Unser Haus wurde bombardiert. Alle seine Bewohner, darunter meine Mutti, waren tot.

Hoffentlich wird dieser Traum nie Wirklichkeit

Liane Hürthe, 11 Jahre

Schöner Traum

Zu einem meiner schönsten Träume gehört der: Als ich Geburtstag hatte, kam mein Onkel wie immer auf seinem Pferd angeritten. Er fragte, ob ich auch reiten möchte. Ich sagte: „Ja." Dann fragte er, ob ich es haben möchte. „Klar", sagte ich. Wer will denn schon kein Pferd haben! Ich ritt den ganzen Tag und gab ihm das, was es brauchte.

Daniela Neumann, 10 Jahre

Schlimmer Traum

… und der Weg wurde immer länger. Ich lief und lief und lief. Meine Beine schleifte ich nur noch mühsam hinterher. Das Ziel lag noch weit in der Ferne. Doch ich erreichte es nicht mehr. Kraftlos ließ ich mich auf den Boden fallen. Ich verlor das Bewusstsein.

Als ich wieder zu mir kam, stürzten sich meine Klassenkameraden auf mich. Sie riefen: „Du bist ein Versager, ein Versager, ein Versager!"

Unruhig, mich im Bett hin und her werfend, wachte ich auf.

Heike Schmelich, 13 Jahre

Über die Nützlichkeit der Träume

Ich träumte, dass ich auf einer Insel lebte und ganz allein war. Da sah ich einen Riesen. Er half mir, eine Hütte zu bauen, und blieb bei mir. Wir lebten zusammen, spielten miteinander und der Riese bastelte mir ein Pferd, auf dem ich richtig reiten konnte. Eines Tages ging der Riese fort und kam nicht wieder. Ich hatte schreckliche Angst um ihn. Ich konnte nicht mehr schlafen, aß nichts mehr und trank nichts mehr. So vergingen drei Tage. Da erwachte ich und war sehr traurig, dass der Riese nicht mehr bei mir war.

Diese Geschichte erzählte ich meinem Vati: Er sagte zu mir: „Ich spiel mit dir. Ich bin der Riese."

Astrid Warstadt, 10 Jahre

Wahrhafte Geschichten

Die Geschichten, die ihr bisher gelesen habt, spielen an märchenhaften Orten und erzählen von märchenhaften Gestalten. Jetzt wollen wir uns Geschichten zuwenden, die über tatsächliche Erlebnisse berichten. Manche nennen diese Geschichten die „wahrhaften“ Geschichten. Aber stimmt diese Bezeichnung?

Wenn ihr die folgenden Geschichten lest, werdet ihr bald feststellen, dass manches darin sehr unwahrscheinlich klingt: Hat Andreas wirklich mit seinem neuen Schraubenzieher den halben Teppich durchlöchert? War der alte Mann, der unter dem Fenster entlangging und vor sich hin brabbelte, tatsächlich schon hundert Jahre alt? Und ein Buch kann ganz bestimmt nicht lebendig werden und sprechen!

Übertreiben oder Untertreiben macht Texte spannend

Aber gerade das Übertreiben oder Untertreiben macht Texte spannend und sorgt für Überraschungen. Erinnert euch an das Kapitel „Wundersame Geschichten“. Man kann über alltägliche Dinge auf märchenhafte Weise schreiben, indem man zum Beispiel ein kleines Haus, das unglücklich ist, fortgehen lässt. Man könnte aber ein Haus auch ganz genau beschreiben.

Dann müsste man erzählen, wer in dem Haus wohnt, wann dieses Haus gebaut wurde, wie viele Male dieses Haus zerstört, wieder aufgebaut, verändert wurde. Man könnte vom Schicksal seiner Bewohner erzählen, man könnte das Haus mit den anderen Häusern der Straße vergleichen. Es ist genauso schwer, eine wahrheitsgetreue Schilderung eines Hausschicksals zu geben, wie eine Geschichte darüber zu erfinden.

Es gibt vieles, worüber es sich lohnt, klar, genau und kritisch zu erzählen: – die Erlebnisse mit den Freunden – die Ferienreise mit den Eltern – der Sonntagsausflug – das Missgeschick in der Schule, auf dem Heimweg oder auf dem Spielplatz – die erste Fahrradtour, der erste Zirkusbesuch – die erste Verliebtheit … Erzählt davon. Aber macht es bitte genau! Nur dann, wenn ihr auch Details erzählt, wenn ihr Eigenheiten nicht auslasst, wird sich eure Geschichte von den fünfzig anderen unterscheiden, die zum gleichen Thema geschrieben werden. Sonst kommt Langeweile auf – das kennt man doch schon … das hat man doch schon dreimal gelesen …

Sucht das Besondere, Einmalige, Einzigartige eures Erlebnisses. Schreibt von euren eigenen Gefühlen, Zweifeln, Stimmungen, eurer Meinung. Ihr seid die Hauptfigur eurer Geschichte, sie wird von euren Erlebnissen geprägt.

Und worüber lohnt es sich zu erzählen?

Jeder Tag unterscheidet sich von vorangegangenen und von dem, der noch kommen wird. Es gibt so viele verschiedene Tage und auch Nächte:

- Schultag
- Wandertag
- Sommertag
- Ferientag
- Sonntag
- Herbsttag
- Regentag
- Unglückstag
- Frauentag
- Geburtstag

- Mondnacht
- Silvesternacht
- Weihnacht
- Gewitternacht
- Sommernacht
- Regennacht
- Winternacht
- Sturmnacht
- Reisenacht
- Fiebernacht

Von welchem Tag oder welcher Nacht könntet ihr erzählen? Welche Figuren spielen eine Rolle in eurer Geschichte?

Denkt an Menschen, mit denen ihr täglich umgeht. Zuerst sind das eure Freunde, eure Schulkameraden und natürlich eure eigene Familie.

- Erzählt, was ihnen passieren könnte: Einer wird krank, ein neues Familienmitglied kommt an, ein Tier wird gekauft, ein Umzug findet statt, eine Reise, ein Ausflug, ein Wettkampf. Zwei streiten sich, schlagen sich, kämpfen miteinander. Zwei verlieben sich. Zwei trennen sich, versöhnen sich, sehen sich zum ersten Mal …

- Versucht, die Figuren der Geschichte auf originelle Weise zu charakterisieren.
  Wenn ihr eure Familie vorstellt, könntet ihr zum Beispiel die Schuhe eines jeden beschreiben.
  Angenommen, ihr betretet den Wohnungsflur und die Schuhe (die Hausschuhe oder Straßenschuhe) stehen aufgereiht. Jedes Familienmitglied ist durchaus daran zu erkennen, welche Schuhe es trägt und wie es diese auszieht und hinstellt …

- Beschreibt den Augenblick, wenn Vater oder Mutter heimkommen. Bestimmt könnt ihr, auch ohne dass ihr sie seht, erkennen, um wen es sich handelt. Wenn der Vater heimkommt, die Tür aufschließt, etwas ruft oder sagt, dann klingt das bestimmt ganz anders als bei der Mutter. Ihre Schritte unterscheiden sich, die Art, wie sie ihren Mantel aufhängen, ins Zimmer gehen.

Bevor ihr etwas aufschreibt, müsst ihr gute Beobachter sein

Ihr werdet schnell unglaubwürdig, wenn ihr etwas nur oberflächlich beschreibt.

Eine Geschichte braucht handelnde Figuren, Orte, eine Zeit, Gerüche, Farben, Stimmen …

Wenn ihr euch an ein allgemeines, nicht in eurem Erlebniskreis liegendes Thema wagen wollt, muss es irgendeinen ganz konkreten, persönlichen Anlass dafür geben. Eine Geschichte braucht ein Geschehen, braucht handelnde Figuren, Orte, eine Zeit, Gerüche, Farben, Stimmen …

Überlegt deshalb gut, bevor ihr euch für eine Form entscheidet. Denkt nach, sucht immer nach eurer eigenen, ganz persönlichen Beziehung zum Thema einer Geschichte.

In dem Kapitel über Traumgeschichten steht Lianes Geschichte vom „Schrecklichen Traum". Ich weiß nicht, ob man sie aufgefordert hat, eine Geschichte für den Frieden und gegen den Krieg zu schreiben. Aber sie hat eine solche Geschichte geschrieben. Sie erzählt von ihren Wünschen und Ängsten mit der Überzeugung „Wir brauchen Frieden!"

Wenn ihr die nachfolgenden Geschichten lest, die alle an ganz gewöhnlichen Wochen- und Sonntagen geschehen, so wird euch vielleicht manches an eigene Erlebnisse erinnern. Aber immer werdet ihr ganz deutlich auch die Person des Schreibers hindurchleuchten sehen. Er versteckt sich nicht, er zeigt sich euch offen und ehrlich. Das ist einer der wichtigsten Ansprüche, die an solche „wahrhaften" Geschichten gestellt werden müssen.

Bei meiner Tante auf dem Dorf

1.

Meine Tante wohnt auf dem Dorf. Sie hat sieben Pferde, zwei Katzen und zwei Hunde. Einmal saßen meine Mutter, Tante Gisela (so hieß die Tante) und ich auf der Pferdeweide. Jette und Jenne hießen die beiden Hunde. Sie schnüffelten an den Pferden und auf der Weide umher.

„Jette, Jenne, kommt mal hierher! Na, Jenne, kommst du wohl?!" Da kamen beide Hunde. Meine Tante gab eine kurze Melodie vor: „La, la, lalala, la usw." Und die Hunde sangen: „Huh, huh, juh, juh, huh usw." Wir mussten natürlich sehr lachen. Aber als ich die Melodie vorgab, sangen die Hunde nicht.

2.

Einmal, es war schon später Abend, bemerkten wir in dem Haus meiner Tante eine Hornisse. Meine Tante hatte vor Hornissen Angst. Trotzdem holte sie den Staubsauger und versuchte, sie aufzusaugen.

Meine Mutter, mein Bruder und ich standen draußen. Auf einmal hörten wir einen Schrei. Die Hornisse war wieder aus dem Staubsauger herausgeflogen. Meine Tante fing sie noch einmal. Aber eine mächtige Angst hatte sie.

Eigentlich komisch. Vor Pferden hat sie gar keine Angst. Und vor einer kleinen Hornisse hat sie eine riesengroße Angst.

Christian Schöppe, 12 Jahre

Ein interessanter Fund

Wie das so üblich ist, startete unsere Familie im Frühjahr eine Gartenaufräumeaktion. Wir harkten, gruben die Beete um und verbrannten Unkraut und überflüssiges Geäst. Ich war gerade dabei, ein Beet umzugraben. Da stieß ich auf etwas Hartes. Zuerst dachte ich, da wäre nur ein Stein, und machte weiter. Doch dann konnte ich mich vor Neugier nicht mehr halten und grub den Gegenstand aus.

Doch siehe da, der harte Gegenstand hatte eine schneckenartige Form. Ich dachte mir, ich werde diesen Stein abwaschen und mit nach Hause nehmen. Ich sammle Steine. Der Stein war ziemlich sandig. Als ich ihn mit meinem Onkel im Keller abgewaschen hatte, sahen wir, dass das ein riesengroßes Schneckengehäuse war.

Freudestrahlend kam ich aus dem Keller. Alle bewunderten meinen Fund. Reihum durfte jeder einmal sein Ohr an die Schneckenöffnung halten und den Ozean hören. Vielleicht lebte sie einmal im Indischen Ozean und ein Seemann brachte sie nach Europa und schmückte seinen Garten damit.

Zu Hause habe ich versucht, sie schön blank zu polieren. Nun steht die Schnecke in meiner Sammlung und mancher hat sie schon bestaunt. Sie ist fast so groß wie ein Kinderkopf. Meine kleinste Schnecke ist so groß wie ein Stecknadelkopf. Wenn ich sie anschaue, denke ich zurück an den schönen Tag im Garten meiner Großeltern, an dem nach langer Zeit einmal wieder die ganze Familie zusammen etwas getan hat.

Das kommt leider so selten vor, weil wir alle so wenig Zeit haben. Mal sehen, was ich beim nächsten Mal ausgrabe.

Ariane Mhamood, 12 Jahre

Mein Freund Peter

In diesem Jahr verlebten meine Eltern und ich unseren Urlaub in der Oberlausitz und hier lernte ich Peter kennen. Er stand an der Gartentür, als wir kamen und schaute mich recht prüfend an. Ich musste ihm wohl gefallen haben, denn er war dauernd in meiner Nähe und machte sich an allem zu schaffen, nur, um in meiner Gesellschaft zu sein. Meine Eltern und die Wirtsleute neckten mich schon tüchtig mit „meinem Peter". Uns machte das aber nichts aus.

Peter konnte wunderbar spielen und er gefiel mir immer besser. Er verstand es auch, sich bei meinen Eltern beliebt zu machen.

Doch eines Tages trieb er es zu bunt. Im Garten stand ein Zelt, in dem Peter gern schlief. In der fraglichen Nacht wurden wir durch ein Geräusch am Fenster geweckt. Erst wie ein Kratzen, dann wie ein Miauen. Schlaftrunken saßen wir fassungslos im Bett. Peter hockte im Fenster. Er weinte so jämmerlich, dass es uns fast das Herz brach. Wir ließen ihn rein, da es auch noch anfing zu regnen. Er huschte an uns vorbei und schämte sich sehr.

Am nächsten Tag hat Mutti es der Wirtin verpetzt. Er wurde sehr bestraft und war für ein paar Tage verschwunden. Ich hab ihn überall gesucht, aber ohne Erfolg.

Nun tat es der Wirtsfrau auch leid, aber sie meinte, Peter sei schon öfter für ein paar Tage verschwunden. Ich aber suchte Peter weiter. Nach drei Tagen wurde mein Suchen belohnt. Ich hörte vom Boden her Geräusche und ging nachschauen.

Da fand ich zu meiner großen Freude Peter, aber nicht allein. Vor ihm lagen vier schwarze kleine Kätzchen. Ihr wisst wohl längst, wer Peter war. Mein Freund Peter war die Katzenmutti.

Sabine Kern, 11 Jahre

Mein Fenster

Ich stehe oft an meinem Fenster, besonders abends. Da kann man viel beobachten. Kleine Kinder spielen und manchmal kloppen sich auch welche. Vor dem Spielplatz steht eine ganz alte, große Birke. Wenn schwerer Sturm tobt, dann denke ich, die Birke kippt gleich um. Aber sie ist stark. Weiter rechts liegt eine Gasse, von der man denkt, dass sie gefährlich ist. Sie hat kein Licht. Ihr Name ist Mördergasse. Weiter hinten kann ich den Fernsehturm und ein wenig vom Alex erkennen. Links beginnen ein paar alte Fabrikviertel und der große Friedrichshain. Manchmal sehe ich vor meinem Haus einen sehr alten, vielleicht hundertjährigen Mann vorübergehen. Er meckert viel rum. Oder er führt Selbstgespräche und brubbelt so vor sich hin.

Christian Schöppe, 12 Jahre

Ein Schimpfwort

Ich kann nicht genau sagen, ob ich mich damals nur ärgerte oder ob es mehr war.

Ich lief den Schulflur entlang, vor mir zwei Jungen, die sich fürchterlich beschimpften. „Blödmann!“, hörte ich, „Affe!“, „Idiot!“ und „Dreckjude!“

Ich blieb stehen, wurde rot, wurde blass. Mir war plötzlich sehr heiß. Vor mir standen schreckliche Bilder von Auschwitz, von Majdanek. An Anne Frank dachte ich, an Unku, an graue Haare. Graue Haare vom Zyklon B. Meine Kehle war wie zugeschnürt, ich brachte keinen Ton heraus. Ich fühlte mich selbst beschimpft, mein Uropa war auch Jude. Er war ein guter Mann, er hat mit meinem Opa gespielt, als dieser noch klein war, und war ihm ein Kamerad. Ihm ist Auschwitz erspart geblieben, denn er starb vor dem Krieg.

Dörte Heller, 13 Jahre

Begegnung

Ich spürte den Atem meines Pferdes an der Schulter. Die Augen habe ich geschlossen. Eine Stalltür quietscht und ein Pferd schnaubt. Ich öffne die Augen wieder und sehe hinter der Koppel ein Fahrrad auftauchen. Stefan. Er schließt sein Rad an und verschwindet im Stall. Ich weiß jetzt, dass ich auf Stefan gewartet habe. Meine Hand streicht über das warme, glänzende Fell der Stute. Stefan kommt und führt seinen Fuchs auf den Hof zu mir. Wir sehen uns an und ich sehe nicht die anderen, die ihre Pferde putzen und tränken. Wir berühren uns flüchtig und zucken zurück. Dann führen wir unsere Pferde auf den Reitplatz und ich spüre wieder den Atem des Pferdes an der Schulter.

Dörte Heller, 13 Jahre

Der Vogel

Ich habe ein Problem, über das ich nicht mit jedem reden kann. Ich stelle seit einigen Wochen einem Fasan nach.

Meine Mitschüler würden lachen und meine Eltern würden sagen: Das ist sinnlos. Aber mich interessiert dieser Vogel. Ich schreibe mir auf, wann er seinen Platz verlässt und wann er zurückkommt.

Der Fasan ist ein besonderer Vogel. Er kann stundenlang sitzen, ohne dass er sich bewegt. Oft verbringe ich das ganze Wochenende bei „meinem Fasan“. Ich habe einen Feldstecher und Schreibzeug dabei.

Wenn zu Hause „dicke Luft“ ist und der Fasan nicht an der üblichen Stelle sitzt, dann suche ich ihn oft lange.

Ingo Jänichen, 13 Jahre

Elternabend

Wütend kommt meine Mutter nach Hause. Sie knallt die Tür hinter sich zu. Dann schimpft sie: „Du Faultier hättest dieses Jahr viel besser sein können!“

Wütend schmeiße ich mich aufs Bett, höre über Kopfhörer Musik und denke: Ich war in diesem Jahr doch gar nicht so schlecht. In Musik die Drei, dafür kann ich nicht. Ich kann eben nicht so gut singen wie Katja oder Anett.

Ich liege noch immer da und höre Musik. Meine Mutti ist mir gefolgt und steht neben mir. Sie knallt mir Wörter an den Kopf, nur wegen dieser Drei. Aber die guten Zensuren, darüber wird gar nicht geredet. Nicht mal über die Zwei in Sport, die ich mir wirklich erkämpfen musste.

Heute gibt es natürlich kein Abendbrot. Ich wasche mich und gehe mit knurrendem Magen zu Bett. Ich träume noch eine Weile vor mich hin und schlafe dann ein.

Am nächsten Morgen ist meine Mutti immer noch auf hundert, aber mit der Zeit wird sich das verlieren. Dann ist bis zur Zeugnisausgabe alles wie immer.

Liane Hürthe, 13 Jahre

Fridolin, das Buch

Ich liege im Bett und denke über den Tag nach. Plötzlich höre ich ein wisperndes Stimmchen. „Hallo, hört mich denn keiner?“ Ich richte mich auf, aber ich kann kein menschliches Wesen erblicken. „Hallo, hier bin ich!“, ertönt erneut das feine Stimmchen. „Hier auf dem Tisch!“ Ich blicke auf den Tisch, doch in der Dunkelheit sehe ich nichts. Ich will Licht anknipsen, doch das geht nicht. Wahrscheinlich ist die Glühbirne kaputt. Also ziehe ich das Rollo etwas höher. Auf dem Tisch liegt nur mein Buch.

Gerade als ich wieder in mein Bett steigen will, höre ich das Stimmchen wieder. „Ich bin Fridolin, das Buch!“ „Aha“, stammle ich verwirrt. „Du kennst mich doch!“, sagt das Stimmchen. Jetzt habe ich mich gefasst. „Ja, natürlich“, sage ich, „aber, dass du lebst, hätte ich nicht gedacht. Entschuldige wegen gestern …“ „Eine Beule habe ich davon zurückbehalten!“, antwortete Fridolin. Ich hatte das Buch in die Ecke geworfen. Jetzt tat es mir leid.

„Weißt du eigentlich, wie lange du mich schon hast?“, fragte Fridolin, „Drei Jahre! Ich feiere heute meinen dritten Geburtstag!“ „Na dann, Fridolin, auf die nächsten drei Jahre!“, sagte ich fröhlich. „Immer!“, sagte Fridolin, nun schon nicht mehr mit so zarter Stimme.

„Gute Nacht, Fridolin!“, sagte ich, denn ich merkte, dass ich müde wurde. „Gute Nacht, du Leseratte!“, sagte Fridolin.

Seit diesem Vorfall behandle ich Fridolin sanfter. Aber bisher hat er mich noch nicht wieder angesprochen.

Ralf Wiedemann, 14 Jahre

Mein Schraubenzieher und ich

Voriges Jahr bekam ich zu Weihnachten von meinen Eltern einen Metallbaukasten. Zwischen den vielen Schrauben, Bolzen und Muttern lag ein kleiner, schwarzer Schraubenzieher. Ursprünglich war er wohl dazu gedacht, aus den Einzelteilen des Kastens die merkwürdigen Gebilde im Modellkatalog zu basteln. Aber mit so einem Schraubenzieher kann man ja noch mehr anfangen. Zuerst wollte ich sehen, ob man mit der Spitze auch Löcher in den Teppich pieken kann. Es gelang!

Als der halbe Teppich durchlöchert war, steckte ich den Schraubenzieher zufrieden in meine Hosentasche und nahm mir vor, ihn am nächsten Tag weiter zu testen. Am nächsten Morgen war ich allein zu Hause. Meine Eltern waren verreist. So hatte ich freie Bahn bei meinen Qualitätsproben. Zuerst nahm ich mir den Staubsauger vor und zerlegte ihn fein säuberlich in seine Einzelteile. Ich war begeistert.

Meine Eltern nicht. Sie kamen in dem Moment, in dem ich die letzte Schraube neben die anderen legte. Ich musste alles wieder zusammenbauen. Das gelang mir in einer Dreiviertelstunde. Aber irgendetwas hatte ich wohl falsch gemacht, denn als meine Mutter den Staubsauger ausprobieren wollte, schmiss er ihr eine ganze Ladung Dreck entgegen. Ich ließ den Schraubenzieher schnell verschwinden und trug ihn nur noch heimlich bei mir. Meine Eltern gelobten sich, mir nie wieder einen Metallbaukasten zu schenken.

Andreas Otto, 12 Jahre

Zutaten für eine Geschichte

In einer Küche kann man braten, backen oder kochen. Man kann Süßes oder Salziges, Vorspeisen, Hauptspeisen oder Nachspeisen, Brot oder Kuchen, Obst oder Gemüse, Fisch oder Fleisch zubereiten. Es kommt darauf an, welche Zutaten man in welchem Verhältnis miteinander mischt und welche Zubereitungsart man wählt.

Auch ein Geschichtenschreiber hat die Wahl zwischen verschiedenen Zutaten. Das sind seine Figuren, Orte und Handlungsverläufe. Er kann wählen, in welche Form er sie bringt – ob er einen Roman, eine Kurzgeschichte oder ein Märchen daraus macht. Leider gibt es für ihn kein Kochbuch, in dem er nachschlagen kann und das passende Rezept findet.

Gibt es Rezepte für das Geschichtenschreiben?

Für jede Idee, die er im Kopf trägt, muss er die passende sprachliche Form allein finden. Niemand kann ihm die Entscheidung darüber abnehmen.

Natürlich kann er sich, wenn er viele Bücher liest, die eine oder andere Form „abgucken". Aber selbst wenn er weiß, dass eine Kurzgeschichte auf eine bestimmte Weise gebaut werden kann, so wird es doch bei hundert Kurzgeschichten hundert verschiedene Schreibarten geben.

Sich mit den Figuren vertraut machen

Eine der wichtigsten Erfahrungen beim Schreiben ist, dass die Geschichten umso besser werden, je besser man seinen Stoff kennt. Sind einem die Figuren vertraut und lieb, weiß man viel über sie, kann man ihnen gerecht werden. Am besten kennt ihr gewiss die Menschen, die in eurer unmittelbaren Umgebung leben. Das sind eure Freunde, eure Eltern, Geschwister, Verwandten, eure Nachbarn. Wenn ihr über sie schreibt, habt ihr eine genaue Vorstellung im Kopf. Dazu könnt ihr eigene Erfindungen geben. Beim Schreiben ist es wie beim Zubereiten einer Speise. Es muss gemischt, abgeschmeckt, gegart werden. Ein zu schnell geschriebener Text kann unbrauchbar sein wie ein nicht durchgebackener Kuchen. Ein zu lange gekochtes Makkaronigericht ist so fade wie eine langweilige Geschichte.

Gegensätze verleihen einer Geschichte die Spannung

Eines der Geheimnisse beim Kochen wie beim Schreiben bleibt die richtige, interessante Mischung der Zutaten! Auch in einen süßen Teig gehört eine Prise Salz. Bei einer Geschichte sind es die Gegensätze, die ihr den Reiz und die Spannung verleihen. Probieren wir das an einem Beispiel:

Eine kleine Geschichte über einen Wintertag mit sehr viel Schnee

Angenommen, ihr wollt eine kleine Geschichte über einen Wintertag mit sehr viel Schnee erzählen.

Sammelt die weißen Dinge dafür:
- frisch gefallener, weißer Schnee
- ein weißer Pudel
- ein weißes Bettlaken auf der Leine
- eine weiße, ziehende Wolke
- ein Liter weiße Milch
- ein weißes Schneehuhn
- ein weißer Pelzmantel
- ein weißes Brautkleid

Stellt es euch bildhaft vor: Eine Dame in einem weißen Pelzmantel führt einen weißen Pudel durch den frisch gefallenen weißen Schnee. Merkt ihr etwas? Im Weiß verschwinden die weißen Dinge. Das Weiße saugt all das andere Weiße auf. Es gibt einfach keine Unterschiede.

Anders dagegen, wenn etwas Kohlrabenschwarzes über den weißen Schnee laufen würde. Stellt es euch vor: Im frisch gefallenen weißen Schnee sitzt ein Rabe. Ein Schornsteinfeger fällt in den Schnee … Etwas Schwarzes zwischen all dem Weiß fällt sofort auf.

Sechs Tauben,
vier Eisbären und
zehn weiße Ziegen
saßen im Schnee.
Da kam ein Auto
voller Kohlen und hupte:
Weg mit euch!
Jennifer Franz, 9 Jahre

Gegensätzliche Figuren oder Dinge in einer Geschichte

Probiert gegensätzliche Figuren oder Dinge in einer Geschichte aus:
- ein sehr alter Mann – ein kleines Kind
- ein Eismeer am Ende der Welt – ein junger Vogel
- eine Schulklasse beim Wandertag im Wald – auf einer Kiefer ein Affe
- ein Riese unter lauter Zwergen
- ein Blinder unter Sehenden
- ein Stummer unter Sprechenden
- ein Fahrradfahrer auf der Autobahn
- ein Fröhlicher unter lauter Traurigen auf einer Beerdigung
- ein lauter Schrei in einer stillen Nacht
- eine Oma in der Schule
- ein Pferd auf einem Balkon

Igor erzählt, wie eines Tages das Pony Ludwig auf einem Balkon erscheint und die Giraffe Anna damit in höchstes Erstaunen versetzt. Ein Pferd gehört wirklich nicht auf einen Balkon! Die Geschichte lebt von diesem Gegensatz: Etwas, was absolut nicht üblich ist, wird getan. Das Pferd steht am falschen Ort.

Ludwig auf dem Balkon

Das Pony Ludwig und die Giraffe Anna wohnten im Zoo nebeneinander. Sie gerieten oft in Streit. Die stolze Anna hob dann den Kopf und sagte: „Ich habe einen langen Hals und einen schönen Kopf. Den ganzen Zoo kann ich überblicken." Da wurde Ludwig traurig. Er erzählte es seiner Freundin Lotte, einem kleinen Mädchen, das sich immer mit dem Pony unterhielt. Als das Pony seine Sorgen erzählt hatte, machte das Mädchen das Gitter auf und nahm es mit in seine Wohnung auf den Balkon. Da staunte Ludwig, wie der Tierpark von hier oben aussah. Es war schon Abend und die Giraffe schlief.

Am Morgen, als die Leute zur Arbeit gingen oder Brötchen holten, sahen sie Ludwig auf dem Balkon und staunten sehr. Aber dann sahen sie, dass es Lottes Wohnung war, und wunderten sich nicht mehr, sondern lachten nur.

Ludwig aber wartete gespannt, dass Anna aufwachte. Sie räkelte sich, blinzelte in die Sonne, schaute sich in der Gegend um und entdeckte dann, dass Ludwig auf dem Balkon stand. Sie traute ihren Augen nicht. Dann hörte sie Ludwig sagen: „Na, wer hat denn die bessere Aussicht?“

Von diesem Tag an waren sie die besten Freunde.

Igor Tatschke, 13 Jahre

Auch die Geschichte von Jens lebt von einem Gegensatz. Hier werden Groß und Klein in einer Geschichte einander gegenübergestellt.

Der kleine und der große Indianer

Es waren einmal ein großer und ein kleiner Indianer. Der große besaß ein großes Pferd, eine große Pfeife und einen großen Federhut. Der kleine besaß ein kleines Pferd, eine kleine Pfeife und einen kleinen Federhut.

Die beiden überfielen meist Züge oder Postautos. Der Große große Züge und große Postautos, der Kleine kleine Züge und kleine Postautos.

Das Geschäft war sehr einträglich. Man konnte es zwar mit den Geschäften der Supergangster nicht vergleichen, aber immerhin. Und es war immer das Gleiche: Der Große bekam den großen Teil der Beute und der Kleine den kleinen Teil.

Die beiden lebten zusammen in einem mittleren Haus. Der Große schlief in einem großen Bett und der Kleine in einem kleinen Bett.

Eines Tages geschah etwas Ungeheuerliches. Etwas, was in ihrem Leben noch nie vorgekommen war. Der kleine Indianer hatte sich nämlich verliebt. Das ist nicht weiter schlimm. Aber er verliebte sich nicht in eine kleine Frau, sondern in eine große! So etwas war laut Zug- und Posträuberindianergesetz nicht erlaubt. Der kleine Indianer wollte ja nicht gegen das Gesetz verstoßen, aber er konnte machen, was er wollte, es blieb so.

Dieses Verlieben in diese Frau kam so: Der kleine Indianer, der übrigens ein Schleckermaul war, fuhr in die Stadt, um seine kleinen Postautos zu verkaufen.

Auf dem Rückweg traf er diese Frau. Er wurde von dem unheimlich süßen Lippenstift dieser Frau angezogen. Dann verliebte er sich einfach so.

Erst einmal gab es zu Hause einen großen Krach. Der große Indianer wurde fuchsteufelswütend und schlug mit allen möglichen Dingen um sich. Er wurde so laut, dass man es in einer Entfernung von hundert Kilometern noch hören konnte.

Am nächsten Abend beruhigte er sich ein wenig und wollte sich eine Strafe ausdenken. Er ging spazieren, denn seine Meinung war: Strafen fallen einem am besten beim Spazierengehen ein.

So ging er und auf einmal machte er Stielaugen. Er sah eine hübsche kleine Dame den Feldweg entlangspazieren. Er verliebte sich genauso wie der kleine Indianer sofort.

Danach ging alles sehr schnell. Das Posträubergesetz wurde kurzerhand für ungültig erklärt. Der kleine Indianer heiratete die große Dame und der große Indianer heiratete die kleine Dame. Und sie wurden sehr glücklich.

Jens Richter, 12 Jahre

Gegensätze erzeugen Spannungen

Gegensätze erzeugen Spannungen. Wie ist das aber mit einer Geschichte, in der nichts erzählt wird, als dass drei Jungen eine Höhle entdecken? Auch das kann eine außerordentlich spannende Geschichte werden. Die Höhle ist fremd, unbekannt, die drei Jungen müssen allen Mut zusammennehmen, um in sie hineinzukriechen. Die Höhle ist das „Andere“, der Gegensatz, das „Gegenüber“ der drei Hauptfiguren.

Es kann erst etwas geschehen, wenn man sich etwas Fremdem, Unbekanntem, Neuem, Anderem gegenübersieht. Auch eine Liebesgeschichte folgt diesem Gesetz. Hier stehen sich die zwei, die sich verlieben, zunächst als Fremde gegenüber, dann werden sie ein Paar.

So enden die glücklichen Geschichten.

Müssen alle Geschichten glücklich enden?

Nun, ein Ende muss eine Geschichte auf jeden Fall haben. Das Geschehen, die Handlung, muss zu einem gewissen Abschluss gebracht werden. Der Schluss kann erwartet oder auch völlig überraschend sein. Er muss nicht glücklich sein. Nicht alles im Leben geht gut aus, nicht alle Streitenden sind zu versöhnen, nicht jeder Gegensatz auszugleichen. Da in einer Geschichte immer Gegensät-

ze aufeinander treffen, kann es durchaus passieren, dass eine Spannung nicht gelöst wird. Das Unglück, der Schmerz, die Trauer sollen nicht verschwiegen werden. Sie gehören in diese Welt, wie der Tod zum Leben gehört.

Fragt euch bei jeder Geschichte, die ihr aufschreibt, ob ihr nicht doch gemogelt, geglättet, zugedeckt habt, was euch zu hart, zu schwierig, zu unverständlich schien. Versucht, das scheinbar Unabänderliche zu benennen. Indem ihr Worte dafür findet, kann es passieren, dass ihr plötzlich eine Lösung wisst. Schreiben ist ein Vorgang des Erkennens für den Schreibenden.

Schreiben ist ein Vorgang des Erkennens für den Schreibenden

Die Begegnung

Früher waren wir viel zusammen, aber dann stritten wir uns.

Sie wohnt in Berlin. Am Wochenende fahren sie immer in den Garten. Dann sehen wir uns.

An einem Wochenende stand sie plötzlich wieder vor meiner Tür. Sie sah ganz verändert aus. Sie hatte eine Dauerwelle und roten Nagellack mit weißen Pünktchen auf den Nägeln. Ich wusste nicht so recht, was ich mit ihr anfangen sollte. Sie redete immerzu und ich hörte nur zu. Dann war die Zeit um und sie fuhr wieder nach Hause.

Wir sehen uns jetzt wieder öfter und ein bisschen verstehen wir uns auch wieder.

Claudia Schulz, 13 Jahre

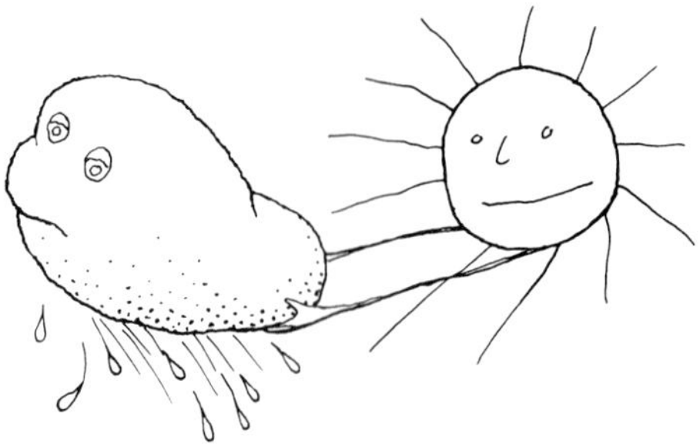

Verse

Wir sind in der oberen Etage des Schlosses angekommen. Ein Ton erklingt, ein Lied. Hören wir genauer zu. Das war kein Lied, das war ein Gedicht.

Genau wie ein Geschichte sind Gedichte aus Wörtern gemacht. In einer Geschichte sind es Hunderte, Tausende. Sie stehen nicht einzeln da, sondern immer im Satz. Die Sätze sind aneinander gereiht wie auf einer langen Schnur. An dieser Schnur tastet man sich beim Zuhören oder Lesen entlang bis zum allerletzten Satz.

In einem Gedicht leuchtet ein einzelnes Wort hervor wie ein Stern am Himmel

In einem Gedicht leuchtet ein einzelnes Wort hervor wie ein Stern am Himmel. Die Wörter sind in die kunstvollste Form gebracht, die Literatur überhaupt kennt. Sie erscheinen rhythmisch geordnet. Betonte und unbetonte Silben wechseln einander ab.

Dieser Wechsel passiert nicht zufällig, sondern geschieht nach einem bestimmten Schema – man sagt dazu Versmaß. Hinzu kommt die Verwendung eines Reimes am Schluss der Verszeilen. Dieser Wechsel von betonten und unbetonten Silben und das Reimschema ergeben die Verwandtschaft zur Musik. Bei einer Melodie wechseln die hohen und tiefen, die schnellen und langsamen, lauten und leisen Töne einander ab. Auch dort geschieht das nicht zufällig, sondern in einer Ordnung.

Nicht alle Gedichte haben Reime und ein Versmaß. Aber alle haben diese seltsame Leuchtkraft der Worte. Ich will es an einem Gedicht des dreizehnjährigen Thomas Minx erklären:

Hat einer das Meer gesehen?
Ein Meer mit einem Saum
aus Gras und Baum.
Der Himmel ist die blaue Haube,
die Sonne steckt die goldne Feder an.
Hat einer das Meer gesehen?
Im Frühling wurde es bestellt,
es ist das Stoppelfeld.

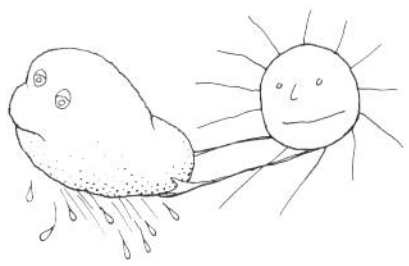

Thomas vergleicht das Stoppelfeld mit einem Meer. Wenn sich die Halme im Wind bewegen, kann das Feld wie ein Meer erscheinen, das mit kleinen Wellen ans Ufer schwappt. Über dem Feld wölbt sich der Sommerhimmel. Thomas hat dafür ein schönes Bild gefunden: Er vergleicht den Himmel mit einer blauen Haube, an die die Sonne eine goldne Feder gesteckt hat.

„Haube" ist ein altertümliches Wort, ein Wort aus Märchen und aus Urgroßmutters Kleiderschrank. Es wirkt liebevoll, behütend, erweckt Geborgenheit und ein Gefühl von Zuhause. Der Reiz dieses kleinen Gedichtes beruht hauptsächlich auf der Verwendung dieses altertümlichen Wortes im Vergleich mit dem Himmel über dem Feld. Thomas ist es eingefallen, als er mit anderen Kindern am Waldrand saß und auf ein Feld schaute. Die Kinder wollten Sommergedichte schreiben. Bevor sie zu schreiben begannen, habe ich sie aufgefordert, die Farben der Landschaft zu betrachten, auf die Stimmen der Vögel und die Geräusche zu achten, tief die Luft einzuatmen. So ist es gelungen, dass in ihren Gedichten die Worte Farbe bekommen haben.

Rätsel und Lieder gehören zu den Gedichtformen, die einigermaßen erlernbar sind

Die meisten der entstandenen Texte sind Rätsel. Rätsel und Lieder gehören zu den Gedichtformen, die einigermaßen erlernbar sind. Ansonsten glaube ich aber, dass es sehr schwer ist, ein richtiges Gedicht zu schreiben. Viele nehmen an, es genüge, ein paar passende und lustige Reime zu finden und die Gedanken zeilenweise zu ordnen. Heraus kommen schrecklich alberne und langweilige Reimereien. Nicht ohne Grund gibt es viel mehr Schreiber von Geschichten und Romanen als Dichter von Versen.

Unter den Tausenden von Kindergedichten, die ich kenne, würde ich höchstens zwanzig wirklich interessante Texte heraussuchen können. Sie gefallen mir hauptsächlich deshalb, weil ich bei ihnen nicht nur ein kräftiges und originelles Wortbild finde, sondern spüre, dass ihre Autoren erst zehn oder 13 Jahre alt

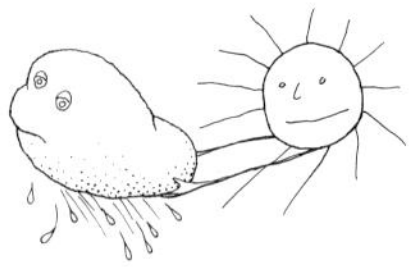

sind. Diese Gedichte erscheinen nicht als nachgemachte und damit immer schlechte Kopien von Erwachsenenworten und -gedanken. Ein wichtiger Maßstab, der an Texte von Kindern gelegt werden sollte: Sie müssen ihren kindlichen Autor verraten. Das zeichnet einen solchen Text aus und macht ihn für seine übrigen – auch erwachsenen – Leser interessant.

Überm Kornfeld

Überm Kornfeld zieht ein blauer Himmel,
darüber zu laufen wär schwer.
Übers Feld zieht kein weißer Schimmel,
die Mähdrescher kamen her.
Viele Wege hat der Riese gezogen,
einige Tonnen hat das Getreide gewogen.
Die Wege sind sandig und warm,
auf fliegt ein Bienenschwarm.
Susanne Baumann, 13 Jahre

Ich fahre S-Bahn

Die S-Bahn saust durch die Stadt,
als ob sie Flügel hat.
Sie bringt die Menschen von Ort zu Ort,
kaum sitzt man drin,
da fährt sie fort.
Astrid Warstadt, 10 Jahre

Mein Drachen

Meinem Drachen Fridolin
halte ich die Flügel.
Er frisst sich den Bauch voll Wind
und fliegt über Hügel.
Ist mein Drachen satt vom Wind,
steht er stolz hoch oben.
Ich seh zu ihm auf und denk,
wie schön wärs mit ihm oben.
Ralf Brückner, 13 Jahre

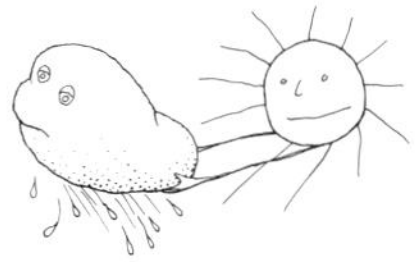

Regen

Der Regen prasselt auf das Dach.
Es hört sich lustig an.
Die Mutter aber sagt:
Ach,
wann
hält denn der Regen endlich an.

Gisela Weiler, 12 Jahre

Mein Roller als Karussell

Mein Roller fährt so schnell
wie ein Karussell:
Da kann ich mir
das Karussellgeld sparen
und lieber Roller fahren.

Gerhard Burmeister, 10 Jahre

Der Sommer

Der Sommer sitzt am Strand
im weichen, gelben Sand.
Er hockt vor seinem Zelt
und guckt in die Welt.

Ulrike Dauderstädt, 10 Jahre

Rätsel und Lieder

Ihr kennt das alte Gesellschaftsspiel „Teekessel raten". Ein Gegenstand, dessen Name erraten werden muss, wird nur mithilfe seiner Eigenschaften charakterisiert. Es werden die Eigenschaften genannt, die wir sehen, riechen, schmecken und tasten können. Unsere fünf Sinnesorgane helfen also beim Rätselraten.

Sommergedichte schreiben

Genau das machten sich die Kinder zunutze, die mit dem schon erwähnten Thomas an jenem Feldrand saßen und Sommergedichte schreiben wollten.

Wir hielten uns die Ohren zu und nannten alles, was wir mit unseren Augen erkennen konnten. Dann verbanden wir die Augen mit einem Tuch und zählten alle Geräusche auf, die an unsere Ohren drangen: das Rattern eines Traktors, das Summen der fernen Autobahn, das Lachen eines Kindes, der Gesang einer Lerche über dem Feld, das Klopfen des Spechtes am Baum, das Rascheln von Blättern, das Knacken von Ästen.

Wir versuchten, mit den Fingerspitzen zu tasten, was uns an Gegenständen in die Handfläche gelegt wurde: einen Tannenzapfen, ein Stückchen Moos, einen trockenen Grashalm, einen Schnipsel Zeitungspapier, eine Glasscherbe, ein Blatt. Wieder haben wir die Augen verbunden, um besser fühlen zu können. Wir zogen Schuhe und Strümpfe aus und liefen über unterschiedlichen Boden: Sand, Moos, ein Kiesweg, das Stoppelfeld.

Unmittelbar im Anschluss an diese Wahrnehmungsübungen entstanden die Rätsel „Vogel", „Kornfeld", „Luft", „Sommerwiese" und „Baum".

Er kann singen wie ein Tenor.
Man kann riechen, wo er lebt.
Man kann sehen, wie er fliegt,
Man kann ihn schmecken,
Wenn er aus dem Topf kommt.
Man kann ihn anfassen,
Wenn man ihn fängt.
[der Vogel]
Thomas Minx, 13 Jahre

Es rauscht wie das Meer,
Es knistert wie das Feuer,
Es piekt wie Nadeln,
Es ist grün und wird gelb.
In ihm zirpen die Grillen
Und wohnen die Mäuse.
Über ihm fliegen und singen die Vögel.
Es teilt sich,
wenn man hindurchgeht.
[das Kornfeld]
Thomas Minx, 13 Jahre

Er ist so groß
wie ein kleiner Riese.
Im Winter so kühl
wie ein neu angelegter Betonweg.
Er bewacht die Wiesen, Wälder und Felder.
Wenn man in den Urlaub fahren will,
kann man ihn nicht mitnehmen.
Seine Blätter sind geschwätzig.
Manchmal verwandelt er sich
in einen Schrank, eine Schulbank
oder einen Tisch.
Er weiß hundertjährige Geschichten.
[der Baum]
Anke Belger, 13 Jahre

Man kann es nicht schmecken,
nur riechen.
Man kann es nicht sehen,
nicht kosten.
Mal riecht es muffig,
mal duftet es.
Niemand kann auf ihr gehen.
[die Luft]
Beate Meister, 12 Jahre

Sie sieht wie ein lang gezogener, bunt bestickter Schal aus.
Die großen Bäume umstellen sie wie Wächter.
Über ihr ist der Himmel wie ein kühles Meer,
wie eine Decke, die sich weit ausbreitet.
Kleine Tiere schnüffeln durch sie durch.
[die Sommerwiese]
Sylke Sakowski, 13 Jahre

Versucht, Rätsel zu Gegenständen zu schreiben, die euch vertraut sind.

Das könnten sein:
- der Schulranzen
- die Schultür
- die Wandtafel
- der Lehrer
- die große Pause
- das Fahrrad
- der Küchentisch
- das Kopfkissen
- das Schachspiel
- der Fernseher
- das Fenster
- die Schaukel
- der Ball

Man kann es fühlen,
aber nicht riechen oder schmecken.
Es steht auf einem Platz.
Es ist sehr verspielt
und aufgeregt dabei,
wie ein Schulkind vor dem Diktat.
Es wird oft geschlagen
und trotzdem jubelt es!
[das Fußballtor]
Ernst Hagen, 13 Jahre

Auch Begriffe wie Angst, Schreck, Nacht sind erfolgreich im Rätsel verwendet worden – Beate, Jana und Ralf beweisen es euch.

Sie riecht nach Zahnarzt.
Schmeckt abscheulich!
Sie ist sehr schnell.
Manchmal sieht man sie,
manchmal ist sie unsichtbar.
Sie wandert von einem Menschen
zum anderen.
Aus manchen Beinen
macht sie Wackellieschen.
[die Angst]
Beate Nündel, 11 Jahre

Er fährt in die Glieder
und schnürt die Kehle zu.
Er ist weiß und wirft seinen Bann.
Oft kommt auch ein Schrei.
Ist seine Ursache aber überwunden,
atmet man frei.
[der Schreck]
Ralf Wiedemann, 13 Jahre

So schwarz wie der Lieblingshengst
Winnetous!
So schwarz wie das Meer
der Indianer!
Sie schleicht leise herbei
wie eine Miezekatze.
[die Nacht]
Jana Wüstenhagen, 12 Jahre

Wie wäre es mit dem Begriff Freude? Vielleicht hat Freude einen Pferdeschwanz wie eure Freundin Susi. Vielleicht kann Freude hüpfen, tanzen, lachen, aufgeregt sein, kichern? Vielleicht wohnt sie im ersten Ferientag, in eurem Lieblingsbuch, in einem Brief, im Gesicht eures Opas!

Abend- und Schlaflieder

Die Abendlieder und Schlaflieder, die ich euch nun vorstellen möchte, verwenden nur vier Verszeilen, von denen sich jeweils die erste mit der zweiten und die dritte mit der vierten Zeile reimt. Man nennt solch einen Reim den PAARREIM. Ihm verwandt ist der KREUZREIM. Hier ist die erste und dritte, die zweite und vierte Zeile durch den gleichen Reim verbunden. Die entstandenen Verse haben ganz einfache Bilder.

Paarreim und Kreuzreim

Schlaflied
Die Pudelmütze liegt im Schrank.
Der kleine Peter ist so krank.
Die Mutter kocht Kamillentee.
Dann tut der Hals bald nicht mehr weh.
Steffi Seidel, 11 Jahre

Schlaflied
Im Haus ist es dunkel.
Beim Fest gibt's noch Geschunkel.
Der Mond geht bald zur Ruh.
Die Sterne klappen die Augen zu.
Sandra Walter, 12 Jahre

Schlaflied

Die Rathausuhr kann noch nicht schlafen.
Sie hat grad eine Stunde geschlagen.
Die Leute wissen: Es ist Zeit.
Der Weg nach Hause ist noch weit.
Heike Schmelich, 12 Jahre

Schlaflied

Im Kachelofen summt der Wind.
Da ruft ein kleines Kind:
Ach, Winter, Böser, du!
Schließ deine Türen zu!
Daniela Lehmann, 13 Jahre

Maria hat mehr als vier Zeilen geschrieben, ihr ist ein kleines „Abendlied" gelungen. Man könnte auch eine Melodie dazu finden und es vorsingen.

Abendlied

Geht ein Wölkchen
dort am Himmel
leise, leise, ohne Hast.
Geht ein Schimmel
dort auf Erden
lustig, lustig, mit Bedacht.

Aber beide gehen schlafen,
kommt heran die dunkle Nacht.
Maria Hempel, 9 Jahre

Wie wird man Mäuseverserfinder?

Habt ihr schon einmal gezählt, wie viele Arten von Mäusen es gibt? Weiße Mäuse, Feldmäuse, Spitzmäuse, Tanzmäuse, Wüstenspringmäuse fallen euch bestimmt gleich ein. Aber es gibt noch mehr! Ihr könnt ein Mäuseerfinderspiel veranstalten und allein oder gemeinsam Mäusesorten erfinden. Es geht ganz einfach.

Malt eine kleine Maus auf ein großes Blatt Papier.
Schaut euch im Zimmer um und schreibt alle Dinge, die ihr dort findet, um die kleine Maus herum.
Setzt das Wort MAUS mit einem beliebigen anderen Wort des Blattes zusammen. So entstehen fantastische, komische Mäusesorten, z. B. Gardinenmaus, Lampenmaus, Schrankmaus, Teppichmaus!

Variante: Schreibt beliebige andere Wörter, die euch gerade einfallen, um die Maus herum und benutzt diese zum Wortzusammensetzen.

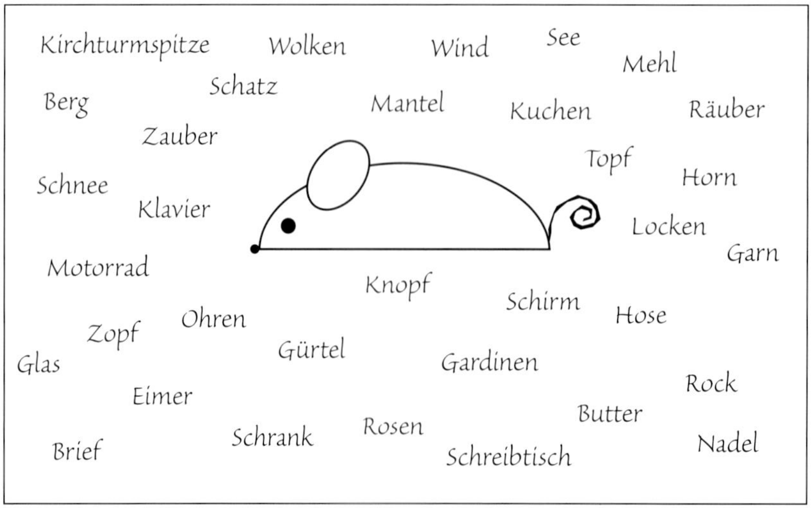

Wenn ihr das Mäuseerfinden geschafft habt, geht es ans Mäuseversschreiben. Auch das ist ganz leicht. Wieder verwendet ihr entweder einen Kreuzreim oder einen Paarreim. In der ersten Zeile eures kleinen Mäusegedichtes nehmt ihr euer bestes Mäusewort und verdoppelt es. Dann können z. B. solche Verse entstehen:

Die Wiesenmaus, die Wiesenmaus,
die trifft eine Riesenmaus.
Die Riesenmaus trinkt Saft.
Das gibt ihr neue Kraft.

Die Baummaus, die Baummaus,
die wohnt in einem Baumhaus.
Das Baumhaus ist sehr klein.
Da kann nur sie hinein.

Die Kühlschrankmaus, die Kühlschrankmaus
schleppt Käse aus dem Kühlschrank raus.
Trägt rote Klappen an den Ohren,
denn sonst wäre sie erfroren.

Die Beutelmaus, die Beutelmaus
kroch in den Beutel rein und raus.
Plünderte und stahl.
Nun hängt sie am Marterpfahl.

Kinder einer Schreibwerkstatt in Berlin

Wohin mit den Gedichten und Geschichten?

Wir steigen die Treppe wieder hinunter, durchqueren die Eingangshalle und gehen an dem Wächter vorbei aus dem Schloss. Ihr denkt, er wird euch anhalten und fragen, was ihr in euren Taschen tragt?

Ihr täuscht euch. Er wird euch nicht fragen. Es gibt niemanden, der euch Texte abverlangt. Es ist alles ganz anders als beim Hausaufgabenmachen. Es gibt keine Zensuren, kein Lob und keinen Tadel. Ihr schreibt zu eurem eigenen Vergnügen.

Wenn ihr Lust habt, diese Texte jemandem zu zeigen, solltet ihr das tun. Aber es kann euch passieren, dass ihr nicht verstanden werdet. Vielleicht ist der Text auch misslungen. Das kommt vor. Deshalb wäre es gut, wenn ihn zuerst ein Freund liest. Ein Freund lacht seinen Freund nicht hämisch aus. Er würde versuchen, vorsichtig und verständnisvoll zu raten und zu helfen. Aber kann euch ein Freund helfen?

Deshalb wäre es gut, wenn ihn zuerst ein Freund liest

Seht ihr, hier wird es schon schwierig. Ihr müsst bedenken, dass nicht alle Leute gern Gedichte und Geschichten lesen. Was man nicht kennt, kann man nicht beurteilen. Deshalb solltet ihr nur dann einer Kritik folgen, wenn ihr von der Sachkenntnis eures Kritikers überzeugt seid. Ist das der Fall, kann ein Rat sehr nützlich sein, sogar der Hinweis, einen Text lieber im Papierkorb verschwinden zu lassen.

Mich hat früher meine Deutschlehrerin beraten. Sie hat alle meine Texte, sogar mein Tagebuch gelesen und mir immer wieder Mut gemacht, es weiter zu versuchen.

Je öfter man schreibt, um so sicherer wird man in der Wahl seiner Mittel und Themen. Man weiß nicht beim ersten Text, ob er überhaupt was taugt. Man staunt vielleicht über sich selbst, dass man so etwas überhaupt zustande gebracht hat. Dem zehnten Text gegenüber verhält man sich angemessener. Deshalb müsst ihr geduldig sein mit euch.

Legt einen Text auch mal beiseite und schaut ihn eine Zeitlang nicht an. Lest ihr ihn dann wieder, könnt ihr ihn besser beurteilen. Mitunter ist es nötig, alles noch einmal zu schreiben. Legt den alten Text beiseite und versucht es vom ersten Satz an noch einmal.

Manchmal ist es gut, vom Tisch aufzustehen und hinaus auf die Straße zu gehen. Schaut den Menschen ins Gesicht. Betrachtet die Häuser und Bäume und hört auch den Stimmen zu. Immer wieder werdet ihr Entdeckungen machen. Immer wieder wird etwas durch die Luft summen und wispern, was in eure Geschichten aufgenommen werden kann. Bleibt wach und neugierig und offen für alle Dinge, die auf der Welt vorkommen.

Auch in einer Gemeinschaft lassen sich Texte schreiben

Auch in einer Gemeinschaft lassen sich Texte schreiben. Fragt eure Lehrer, ob es an der Schule eine Arbeitsgemeinschaft für schreibende Schüler gibt. Vielleicht hat die Kinderbibliothek so etwas oder eine der vielen verschiedenen Jugendfreizeiteinrichtungen. Erkundigt euch! Oder gründet selbst einen „Klub der Dichter und Dichterinnen“!

Die Texte der Kinder, die in diesem Büchlein stehen, sind fast alle in der „Arbeitsgemeinschaft schreibender Schüler“ in der ehemaligen DDR, im Pionierpalast „Ernst Thälmann“ in Berlin entstanden.

Während dieser Zirkelnachmittage sind auch drei Gedichte von Ariane, Sinilka und Marko geschrieben worden, die ich euch ganz zum Schluss vorstellen möchte.

Sie haben sich eine Ode von dem chilenischen Dichter Pablo Neruda als Vorbild genommen. Seine wunderbare Ode an den Frieden ist bereits von Bertolt Brecht im „Friedenslied“ aufgegriffen worden. Hanns Eisler hat das Lied vertont. Die Kinder haben es Brecht nachgetan und sich ganz an den Dichter Neruda angelehnt. Wenn ihr die drei Textvarianten vergleicht, werdet ihr das formale Prinzip selbst herausfinden.

Lehnt euch bei den großen Dichtern an. Schaut ihnen über die Schulter. Sie werden eure besten und treuesten Lehrmeister sein.

Friede

(nach Pablo Neruda)

Friede den singenden Vögeln,
Friede dem spielenden Kind,
Friede den rauschenden Wäldern,
die so geheimnisvoll sind.
Friede den friedlichen Menschen,
Friede der Blume, dem Baum,
Friede den vier Jahreszeiten,
Friede dem friedlichen Traum.
Friede dem Wind und den Sternen,
Friede der Sonne, dem Mond,
Friede den liebsten Freunden,
Friede der ganzen Welt.

Ariane Mhamood, 11 Jahre

Bitte um Frieden

(nach einem Gedicht von Pablo Neruda)

Friede für das Wäldchen, das vor unserem Haus steht
Friede für den Schnee, der die Blumen sanft zudeckt
Friede für meine Wellensittiche, die sich lieblich bezwitschern
Friede für mein Bett, das mich in den Schlaf wiegt
Friede für meine Eltern, die sich immer um mich sorgen
Friede für meine Bücher, die mich klüger machen
Friede für meine Uhr, die so leise vor sich hin tickt.

Sinilka Bischoff, 11 Jahre

Frieden

(nach einem Gedicht von Pablo Neruda)

Friede für den Baum vor meinem Haus
Friede den Vögeln, die darauf zwitschern
Friede den Hunden, die dauernd am Baum schnüffeln oder bellen
Friede der Postfrau, die ihr Rad daran lehnt
Friede dem Regen, der den Baum wie ein Kind ernährt
Friede den dürren Pflanzen, die sich am Stamm emporranken
Friede den Winden, die den Baum im Herbst ausfegen
Friede der ganzen Natur, die den Baum geschaffen hat.

Marko Faber, 12 Jahre

Die Autorin

Eva Maria Kohl 1947 in Freiberg/Sachsen geboren, Kindheit und Schulbildung in Dresden, Studium der Germanistik und Kunsterziehung in Berlin, Diplomfachlehrerin, wissenschaftliche Mitarbeiterin im Zentrum für Kinderliteratur, Promotion zum Dr. phil. über sprachliche Fantasie und Fabulierkunst bei Kindern, ab 1978 freiberuflich tätig als Schriftstellerin und Kunstpädagogin, zahlreiche Kinderbücher, Hörspiele, Sprachspielbücher, von 1995 bis 1998 Dozentin an der GHK-Universität in Kassel, seit 1998 Professorin für Grundschuldidaktik/Deutsch an der Martin-Luther-Universität in Halle-Wittenberg

„Ich bin eine Geschichtenerfinderin und Geschichtenerzählerin. Dieser Koffer ist mein Werkzeugkoffer und meine Vorratskammer. Wenn ich ihn öffne, kommen geheimnisvolle Schachteln und Beutel zum Vorschein. Was verbirgt sich darin?

Bei Lesungen in Schulklassen öffne ich ihn und das gemeinsame Geschichten ausdenken beginnt. In Seminaren mit ErzieherInnen oder LehrerInnen eröffne ich mit diesem Koffer Spielräume für die eigene brach liegende Fantasie. Wir erproben gemeinsam Sprachspiele, schreiben Texte und gestalten Buchformen, die das freie und kreative Schreiben im Unterricht unterstützen."

Kinderbücher:

Blauer Mond und Kuckucksuhr
Der Koffer mit dem doppelten Boden
Es sollte ewig Sonntag sein
Wanda Wind
Ein Haus zieht aus

Buchveröffentlichungen zum Freien Schreiben:

Die Wolke ist ein Wandersmann. Erfahrungen mit schreibenden Kindern (Kinderbuchverlag)
Zauberstifte Nr. 1–5. Schreibspielhefte für die Grundschule und ein Lehrerband (Verlag Volk und Wissen)
Spielzeug Sprache. Ein Werkstattbuch (Luchterhand Verlag)